SIGNOS DE LA NUEVA VIDA

JOSEPH RATZINGER
BENEDICTO XVI

SIGNOS DE LA NUEVA VIDA

HOMILÍAS SOBRE LOS SACRAMENTOS
DE LA IGLESIA

Con un prefacio del
obispo STEFAN OSTER SDB

Seleccionadas y editadas por
MANUEL SCHLÖGL

Traducción de
ALMUDENA OTERO VILLENA

Herder

Título original: Zeichen des neuen Lebens. Predigten zu den Sakramenten
der Kirche
Traducción: Almudena Otero Villena
Diseño de la cubierta: PURPLEPRINT Creative

La editorial Johannes y el editor, Manuel Schlögl, agradecen profundamente
a Benedicto XVI, Papa emérito, por su amistosa colaboración.

© 2017, Johannes Verlag, Einsiedeln, Friburgo de Brisgovia
© 2020, Herder Editorial S. L., Barcelona

ISBN: 978-84-254-4248-3

Imprenta: Liberdúplex
Depósito legal: B-720-2020
Impreso en España – Printed in Spain

Herder
www.herdereditorial.com

Índice

PREFACIO

La historia de la salvación en lo fragmentario

El todo en el fragmento es el nombre de una conocida obra del teólogo suizo Hans Urs von Balthasar, que desarrolla en ella «aspectos de la teología de la historia».[1] En lo pequeño, en lo fragmentario, en el acontecimiento concreto en el tiempo que pasa es posible el contacto con el todo, con el sentido de la historia, que se nos revela en la fe como historia de la salvación. No obstante, este contacto solo es posible de un modo tal que desde nosotros no podamos nunca abarcar el sentido del todo con la vista, o incluso manipularlo para convertirlo en nuestra propia historia. Pero aquí y ahora podemos dejar entrar, estar simplemente ahí, estar presentes en concreción corporal, seguir el camino ante nosotros haciendo caso a la palabra de Dios y obede-

1. Hans Urs von Balthasar, *El todo en el fragmento*, Madrid, Encuentro, 2008.

13

ciendo: aceptar los dones que se nos regalan y las tareas que se nos imponen. Y así nos convertiremos en participantes, compañeros, peregrinos de camino en el gran plan de Dios para su historia; al encuentro de lo que él ha preparado como salvación para su pueblo y para cada uno. En la medida en que dejamos que nuestra historia individual se inserte en los caminos de Dios con su pueblo, en esa medida irradiará el todo en cada historia de fe particular: que Dios está presente a través de los suyos y los conduce en conjunto y en el todo de la historia hacia la consumación. E irradiará que el ser humano encuentra y gana permanentemente su auténtica libertad solo en este enraizamiento.

¿Hay en la vida puntos nodales?

Pero ¿hay algo así como puntos nodales decisivos en los que el contacto del ser humano con lo eterno irradia de un modo más explícito que en el vivir, trabajar y descansar cotidiano común? Desde siempre el inicio y el fin de la vida, el paso de la infancia a la vida adulta, el encontrarse y unirse de los amantes o también la transformación de la vida mediante una comprensión más profunda de su sentido real, han sido puntos nodales de este tipo, llenos de relevancia. La profunda conciencia del ser humano de ser algo más que un producto de la naturaleza, más que un ente casual que en la corriente biológica de la vida llega y desaparece, ha cargado justo estos puntos nodales de una relevancia en los mitos y los ritos religiosos de los pueblos, que sobresale incluso por encima de los seres humanos individuales. El ser humano sobresale siempre por encima de sí mismo como individuo, es un ser profundamente comunitario y va siempre más allá de sí mismo entrando en su comunidad. Pero va también más allá de sí mismo entrando en eso que se ha creído o pensado como cielo o reino de los muertos.

Cristo ofrece el esclarecimiento y la línea de pensamiento decisiva

Los cristianos creemos entonces que este creer y presentir originario de los seres humanos alrededor de un origen y una meta que va más allá de esta vida, experimenta en el venir de Jesucristo su esclarecimiento decisivo y su orientación decisiva.

El mismo Dios viene, se convierte en hombre y muestra con ello de un modo inmejorable quién es el ser humano y quién puede ser realmente. Aún más: Cristo viene del Padre y vuelve al Padre, pero quiere convertirnos de nuevo, como hermanos humanos suyos, en hijos del Padre y reconciliarnos con él. Dios es originariamente el padre de todos los seres humanos, pero la humanidad caída y extraviada ya no sabe de esta filiación originaria. El ser humano vive en estado de alienación, de pecado, de egocentrismo, de miedo a desvanecerse en la muerte. Cristo es, en el sentido más profundo posible, ante todo el Hijo único del Padre. Pero quiere unirse como hermano nuestro a los seres humanos de un modo tal que el Padre vuelva a contemplar en sus criaturas a su Hijo unigénito y se pueda alegrar en ellas. Cristo entra como ser humano permanentemente en su creación; y sigue siendo, también como el Cristo glorificado, ser humano.

Revalorización de lo corporal

Por eso también toda la materia, todo lo material, experimenta a través de su hacerse hombre —y con ello también a través de su hacerse cuerpo— una profunda afirmación. Si la experiencia mítica, filosófica o religiosa de humanidad anterior a Cristo estaba determinada con demasiada frecuencia por la creencia de que la materia y con ello también la corporalidad del ser humano podría ser un obstáculo para el espíritu, para poder elevarse a las alturas de lo divino, con Cristo esta creencia toma otra dirección. Ahora en él, y en lo sucesivo en todo lo que le pertenece, manifiesta que el mismo cuerpo humano es expresión del espíritu, el cuerpo es interpretado y experimentado como templo de Dios (cf. 1 Cor 6,19), porque el mismo Cristo ha santificado el propio «templo de su cuerpo» (Jn 2,21).

«Hasta el fin del mundo»

Por eso los puntos nodales históricos de una vida humana que hemos mencionado, de nacimiento y muerte, de unión amorosa y paso a la edad adulta, pueden convertirse ahora, a través de la conexión interna con el Señor y de los signos materiales externos, en momentos especialmente santificados. Cristo va con nosotros a través de la historia —«hasta el fin del mundo» (Mt 28,20)— y en los puntos señalados de nuestra vida a sus hermanos en la fe les está permitido poder confirmar esta presencia en una condensación especial: sacramental. En el bautismo y la unción de los enfermos, en la confirmación y el matrimonio, en la conversión de la penitencia.

La comida y la eucaristía

En otros dos sacramentos se presenta una vez más toda la radicalidad de la penetración material del mundo por Cristo. En la eucaristía el Señor aprovecha la comida de los seres humanos. Por lo tanto, también el proceso cotidiano de la ingesta de alimentos, en la que el ser humano asimila en un sentido muy fundamental el mundo material y se alimenta de él. Pero la comida de los seres humanos fue siempre más que solo ingesta de alimentos, la comida fue siempre también creación de comunidad, participación en la vida de los otros, vida como recepción de los frutos de la tierra, que son así elevados a la forma cultural de vida del ser humano.

Jesús mismo se da ahora como alimento. Utiliza el pan y el vino para transformarse en ellos y así ayudar de manera incesante al ser humano a alcanzar la transformación. En la comida eucarística, la historia concreta del individuo en el caminar con Cristo descubre de manera incesante su encuentro y forma de interiorización más sólida. Tanto que invierte el proceso de asimilación de la ingesta de alimentos: el ser humano que come pan transforma el pan en alimento que edifica el cuerpo humano. El ser humano que recibe el pan de la vida se transforma por Cristo en alguien que edifica el cuerpo de Cristo, la Iglesia.

Tomado enteramente en posesión

En la ordenación para el ministerio de diácono, sacerdote y obispo pensamos, por último, que Cristo a través de la imposición de las manos sobre el ordenando toma incluso posesión de él de un modo explícito. Cristo lo designa explícita y públicamente como alguien que podrá actuar en su nombre; como alguien que hace presente a Cristo especialmente en el anuncio, en la eucaristía, en el perdón de los pecados. El individuo es llamado a abandonar y a renunciar por Cristo. Y, transformado, es enviado de vuelta. Marcado con el sello del sacerdote; y con ello con el encargo de dar algo que él no tiene por sí mismo: la presencia del Señor en el sacramento.

La Iglesia es ella misma sacramento

Todos los sacramentos, especialmente la eucaristía, están hasta tal punto en el corazón de nuestra fe, de nuestra tradición, de nuestra Iglesia, que el Concilio Vaticano II dijo que la Iglesia en conjunto es un sacramento, o sea «signo e instrumento de la unión íntima con Dios y de la unidad de todo el género humano» (*Lumen gentium* 1).

Una existencia eclesial y con ello sacramental

Y Joseph Ratzinger, Benedicto XVI, estuvo como servidor de la Iglesia en tantos ministerios diferentes en el transcurso de su vida y como anunciador de la palabra de Dios, y vuelve a estar, por su parte, hasta tal punto en el corazón de la Iglesia que precisamente también sus homilías respiran siempre un carácter sacramental, también allí donde no hablan de un modo explícito sobre los sacramentos. Se percibe que la palabra del anuncio procede en él del recogimiento, de la oración, de la manera experiencial y encarnada de vivir ante Dios. La palabra del anuncio ilumina de manera incesante en él las concretas maneras de vivir del ser humano, y las hace transparentes al obrar y a la presencia de Dios en ellas. Es en este sentido una «palabra ungida», iluminada no solo por la fuerza de un pensar teológico excepcional, sino sobre todo desde la vida en el espíritu, desde la vida con el Señor en su Iglesia. Quien se aventura en esta palabra del anuncio percibe cómo en este pensar y creer abarcadores, y en este sentido católicos, lo concreto se abre al todo y este todo se descubre también paso a paso: el todo en el fragmento.

La palabra diferenciadora

Y es palabra diferenciadora; a través de esta palabra los espíritus son también separados una y otra vez y diferenciados. Lo permanente, lo eterno recibe el peso merecido, lo meramente provisorio y pasajero, pero sobre todo lo ambiguamente cambiante y lo desdeñable se relega a su lugar. Santo Tomás de Aquino subraya en el mismo inicio de su *Summa contra gentiles* que la tarea del sabio es ordenar las cosas correctamente.[2] Esto suena tal vez un poco banal, pero la manera en que los sermones de Joseph Ratzinger están ordenados muestra que no lo es en modo alguno. En su sabiduría él ha penetrado con profundidad las muchas provincias particulares de las disciplinas y conocimientos teológicos, y las ha llevado a una síntesis verdaderamente eclesial; y con ello deja claro una y otra vez de un modo impresionante que en la fe católica todo guarda relación con todo, y que toda la existencia cristiana puede llamarse sacramental.

El lenguaje como prueba de fuego

Unas palabras más sobre el lenguaje de Joseph Ratzinger, Benedicto XVI. La tarea del sabio no es solo ordenar, también hacer comprensible. Y muy

2. Tomás de Aquino, *Summa contra gentiles* I, 1 *(Quodsit officium sapientis)*: «ut sapientes dicantur qui res directe ordinant». Cit. de la edición latín-alemán en un volumen, editada, traducida y comentada por Karl Albert *et al.*, Darmstadt, 2009.

especialmente la manera de hablar indica si y cómo un anunciador está él mismo con el corazón en esta verdad, o si su hablar es solo una sagaz creación intelectual que, sin embargo, es apenas capaz de conmover. En el fondo, el anunciador habla también en cada homilía a personas con un trasfondo muy distinto en relación con su origen, formación, creencia o comprensión teológica.

Con ello la homilía es siempre una referencia a dos cosas: al amor del predicador hacia aquello que anuncia y hacia aquellos a los que se dirige. Es por eso algo así como la prueba de fuego de toda teología: ¿puede uno descubrir lo sublime de la fe también al simple creyente? ¿Y hacerlo sin banalizar la verdad de lo sublime? ¿Y puede ayudar en la vida concreta, también del simple creyente, a iluminar la sacramentalidad de esta vida para el creyente? En mi opinión, los sermones de Joseph Ratzinger, Benedicto XVI, son con frecuencia una enseñanza magistral para esto; sobre todo una que se expresa no solo en un lenguaje claro, sino al mismo tiempo hermoso. Y, por supuesto, es una enseñanza que no se puede aprender simplemente como un método. Esta capacidad se deduce igualmente de la armonía del corazón en la oración, en la vida con las personas, en la vida en la Iglesia y en la meditación de la Escritura y de la teología. ¡Y el espíritu de Dios, de una manera decisiva, añade lo suyo! En Joseph Ratzinger, Benedicto XVI, se puede reconocer esto con gran claridad: como también en su anuncio se descubre el todo en lo individual fragmentario precisamente porque también como ser humano se le concedió de un modo manifiesto llevar su vivir, obrar, pensar y hablar a una sorprendente armonía.

Un sincero agradecimiento merece el Dr. Manuel Schlögl, sacerdote de Passau y joven estudioso del Nuevo Círculo de Discípulos de Joseph Ratzinger, Benedicto XVI, que con la selección y edición de estas homilías nos permite acceder nuevamente al tesoro espiritual e intelectual de este gran hombre, cuya tierra de origen está en nuestra diócesis de Passau.

Les deseo a los lectores de estos sermones un gran provecho para el conocimiento intelectual y aún más para el del corazón.

Stefan Oster SDB, obispo de Passau

Passau, Pentecostés de 2017

LO QUE MANTIENE UNIDO EL TODO:
LA IGLESIA COMO FUNDAMENTO
DE LA FE

1 Cor 3,1-9

«¡Vosotros sois el edificio que Dios construye!» (1 Cor 3,9). Estas palabras de san Pablo que acabamos de escuchar en la lectura sirven de base a toda la consagración de la Iglesia. Esta quiere, en cierto modo, desarrollar estas palabras y hacerlas visibles en su significado. La iglesia real, los lugares en los que Dios puede encontrar morada, somos nosotros los seres humanos, los creyentes. En los seres humanos vivos Dios puede encontrar su hogar. La casa construida representa, por así decirlo, lo que somos. Solo puede ser entonces iglesia cuando nosotros los seres humanos la llenamos con nuestra fe, con nuestra adoración, con esperanza y amor, cuando dejamos que la iglesia se convierta en iglesia viva. Por otra parte, esta iglesia nos ayuda, al reunirnos, al conducirnos hacia el Señor, a ser Iglesia. La casa *nos* representa, y la consagración de la iglesia quiere mostrar cómo en cierto modo todos los elementos de esta construcción remiten a nuestro ser cristiano, a sus tareas y sus caminos. Me gustaría destacar entre la enorme cantidad de signos solo tres elementos: la iglesia tiene muros, tiene puertas, y tiene una piedra angular, un fundamento, una construcción que mantiene unido el todo —el afuera y el adentro, el arriba y el abajo— y lo convierte en *una* construcción.

La iglesia tiene muros. El muro señala por una parte hacia dentro, está ahí para cobijar, para reunir, para conducirnos los unos a los otros. Su sentido es juntarnos desde las distracciones en las que vivimos fuera, desde el estar unos contra otros en el que nos perdemos con tanta frecuencia, entregarnos también al estar unos con otros, conducirnos tanto a la responsabilidad del uno para el otro como entregarnos el regalo y el consuelo del creer compartido, del ser compartido en el drama de la vida humana. Por eso los Padres de la Iglesia dijeron que los muros somos, al fin y al cabo, nosotros mismos, y solo podemos serlo cuando estamos preparados para dejarnos esculpir como piedras, para dejarnos ensamblar unos en otros y justo así, dejándonos esculpir, dejándonos ensamblar unos en otros, salir de lo meramente privado. Haciéndonos muros podemos recibir el regalo de ser construcción, de ser llevados, tal y como nosotros llevamos a otros. El muro ve adentro, es algo positivo, agrupa, protege, une. Pero también tiene esto otro, que mira hacia fuera, que levanta una frontera, que aparta aquello que allí no se incluye.

Cuando en el punto álgido del Concilio esta idea se fue haciendo cada vez más extraña y en el optimismo de las nuevas aperturas surgió la opinión de que no había en absoluto fronteras, no podía haber ninguna en absoluto, el obispo evangélico Wilhelm Stählin dio una conferencia con el tema «Jerusalén tiene muros y puertas». Nos recordaba que incluso la Ciudad Santa del final de los tiempos que se esboza en el Apocalipsis de san Juan, cuyas puertas se encuentran siempre abiertas, tiene muros. Que existe eso que no puede entrar, no le está permitido entrar, para que la paz y la libertad de esta ciudad no sean destruidas. Juan alude a aquello contra lo que están los muros con unas palabras misteriosas: «Fuera quedarán los perros, los hechiceros, los fornicarios, los homicidas, los idólatras y todo el que ama y practica la mentira» (Ap 22, 15). Stählin reflexionó acerca de qué significaría esto y citó unas palabras del poeta romano Juvenal: «Considera el mayor crimen preferir la vida al decoro». Aquí no está incluida la falta de decoro, el cinismo para el que nada es sagrado, que no se inclina, que no calla, que no puede venerar, que rebaja lo grande a lo vulgar, que ya no conoce la dignidad y que con ello arrastra al ser humano a la inmundicia.

Contra eso están los muros, y están contra los idólatras. Lo que esto significa hoy en día se aclara en unas palabras de san Pablo. Una vez escribió: «La codicia es una idolatría» (Col 3,5). Pues idolatría significa que ya no reconocemos ningún ser más elevado que nosotros, sino que poder gozar de nuestra vida se vuelve lo más grande; que la posesión se vuelve lo más grande, que nos arrodillamos ante las cosas y las adoramos, y que con ello trastocamos la creación, convertimos el arriba en el abajo y destruimos la paz. Tampoco puede entrar la mentira, que destruye la confianza, hace imposible la comunidad. No pueden entrar el odio, la avaricia, que hieren la condición humana. *Contra esto* están los muros de la iglesia, para construir la ciudad de la paz, de la libertad y de la unidad.

Esto nos vuelve a llevar de nuevo a los Padres de la Iglesia y al rito de la consagración de la iglesia, en el que la pared es contemplada como la presencia de los doce apóstoles. Los santos son los muros que están en torno a nosotros. Son ellos los que son impermeables para el espíritu del mal, para la mentira, para la indisciplina, para la falsedad y el odio. Son ellos los que al mismo tiempo son fuerzas que invitan, que son permeables para todo lo que es bueno, lo que es grande y noble. Los santos son muro y puerta al mismo tiempo, y nosotros mismos debemos ser, con toda sobriedad, santos semejantes, es decir, personas que son muro unas para las otras, personas que apartan lo que es contrario a la condición humana y al Señor, y que están muy abiertas para todo lo que significa buscar, lo que significa preguntar y lo que significa esperanza en nosotros.

Así, el signo del muro pasa a ser uno con el de la puerta. Antes de que el obispo atraviese la puerta para la consagración de la iglesia, pronuncia una liturgia de la puerta, como se corresponde con la tradición más antigua de la humanidad. Está tomada de la oración y fe de Israel, que a su vez tomó la liturgia de la puerta de las liturgias paganas, purificándolas y modificándolas. Consiste en que el obispo dibuje la señal de la cruz en el umbral, haciéndola con ello visible: la auténtica puerta es la cruz. Y solo cuando entramos en la cruz, solo cuando entramos allí con el Señor, y solo cuando estamos preparados a dejarnos arrebatar en la cruz aquello que es contrario a Dios; solo entonces la puerta está abierta y entramos verdaderamente.

Aparte de esto, forma parte de la liturgia de la puerta un coro de voces, tomado de la liturgia de la puerta de Israel en el salmo 24, en el que se dice: «¿Quién podrá ascender al monte del Señor? ¿Quién en su lugar sagrado mantenerse? El que tiene manos limpias y puro el corazón; que a lo vano no eleva sus deseos ni jura con perfidia» (Sal 24,3-4). Así, la puerta está abierta y cerrada al mismo tiempo. Quiere mantener alejado aquello que se opone a lo que es la Iglesia, y quiere al mismo tiempo ser invitación a convertirse uno mismo en puerta y pasar a través de la puerta hacia el Padre en la que Jesucristo se ha convertido para nosotros. Siempre que ponemos pie en la iglesia realizamos, según la antigua costumbre, una breve liturgia de la puerta. Tomamos el agua bendita, regresamos a nuestro bautismo, regresamos a la cruz, que es la verdadera puerta hacia el Señor y con ello de unos hacia los otros, entrando en la ciudad santa de Jerusalén, en la Iglesia de Dios.

Y finalmente la iglesia tiene un fundamento, una fuerza sustentadora, que mantiene unido el todo. Esta última fuerza sustentadora, al mismo tiempo piedra angular y cima, es Cristo.

Santa Teresa de Lisieux escribió una vez:

Necesito encontrar un corazón
que arda en llamas de ternura,
que me preste su apoyo sin reserva,
que me ame como soy, pequeña y débil,
que todo lo ame en mí, y que no me abandone
de noche ni de día.
No he podido encontrar ninguna criatura
capaz de amarme siempre y de no morir nunca.
Yo necesito un Dios que, como yo,
se vista de mí misma y mi pobre naturaleza humana,
que se haga hermano mío y que pueda sufrir.

AL SAGRADO CORAZÓN DE JESÚS

En estos versos de la santa se percibe el resonar de aquello que había sufrido de niña, cuando le fue arrebatada la madre amada por encima de todo, y después, una tras otra, sus dos hermanas, que se habían convertido en una madre para ella. Experimentó una y otra vez la quiebra, la transitoriedad del amor, sin el cual no podemos vivir. Se escucha su grito por un amor que ya nadie le puede quitar, que está siempre ahí, que me comprende siempre, que participa en mi sufrimiento, y el conocimiento de que ninguna criatura permanece con nosotros para siempre, que necesitamos al Dios que es al mismo tiempo ser humano, que se convierte en barro, que sufre.

Esto es en el fondo Iglesia: entrar, venir Dios a nosotros, penetrar en el barro de esta tierra. Pero al mismo tiempo es Cristo que se libera de la cruz, que asciende, en quien el barro se convierte en espíritu y en gloria, y es introducido en Dios. Allí donde nos encontramos con el crucificado, el descenso se convierte en ascenso, nuestro barro consigue un lugar en la gloria de Dios. Allí donde está Cristo, allí hay transformación. La Iglesia es el venir de Dios a nosotros y nuestro ir a él, a través del que tiene lugar una transformación, a través del que de la desesperación nace la esperanza y en medio del eterno ser arrebatado de todo amor, en medio de la inseguridad de toda criatura, nos sostiene también la seguridad de su estar ahí. Cristo está en la iglesia no solo como imagen, él está realmente ahí. Sobre el altar se consuman diariamente este descender del Señor desde el esplendor de su gloria, el salir y entrar hasta nosotros y nuestro ascender hasta él. En el tabernáculo el altar está, por así decirlo, siempre vivo, sigue siendo siempre eucaristía, siempre el entrar y ascender de Jesucristo. A través de él la iglesia es siempre iglesia y nunca una casa muerta, en la que en este momento nada sucede. Él está siempre ahí. Lo grande y hermoso de nuestras iglesias fue a lo largo de los siglos que estaban abiertas, que la puerta era realmente puerta. Solo puede estar abierta cuando nosotros mismos estamos abiertos y conducimos sin interrupción nuestra vida hacia él, cuando también en nuestra vida diaria tenemos tiempo para el misterio de su cercanía viva.

Vamos a pedirle que su venir nos alcance, que nos lleve consigo, nos transforme y nos haga convertirnos realmente en su Iglesia viva.

BAUTISMO

LA LUZ DE LA VIDA

Rom 6,3-11

C uando la Iglesia celebra la Pascua, esto es para ella no un recuerdo de algo ocurrido hace largo tiempo. Si fuese así, habría que darle la razón a la pregunta de Rudolf Bultmann de qué podría significar ya *un* resucitado en la millonaria cosecha de la muerte a través de la historia. Pero el lema de la liturgia pascual dice *hodie*, hoy. Hoy sucede. Y cuando dice hoy, no es con una intención teatral, como si en el juego de la liturgia uno se identificara con lo de entonces, huyendo por un momento de la realidad. La liturgia no quiere ser juego, sino acercarse a la auténtica realidad, salir de esa realidad a medias en la que vivimos, que continuamente se desintegra y desvanece en la nada, hacia esa realidad que es tan real que permanece. La liturgia no quiere ser menos, sino más real. Entre los seres humanos se presenta en ocasiones el sueño de que sería

37

hermoso si no solo pudiésemos viajar por el cosmos, sino si hubiese un vehículo con el que pudiésemos transitar también a través de los tiempos y convertirnos al mismo tiempo en ellos. Algo de esto puede suceder en el misterio de la liturgia. Puede suceder porque la resurrección de Jesucristo no es pasado, sino que con la resurrección él ha salido de lo que pasa hacia lo que permanece, se ha elevado hacia lo duradero. El resucitado existe hoy, y cuando lo podemos tocar, podemos rozar el hoy de la resurrección, podemos entrar en el día de la resurrección que ya no se extingue, que no tiene noche porque ninguna muerte puede ya ponerle término.

Según la fe de la Iglesia es a través de los sacramentos que puede suceder algo semejante. En los sacramentos pascuales bautismo, confirmación, eucaristía, podemos adentrarnos en el hoy de la resurrección, tocar la mano del resucitado y así convertirnos hoy realmente en Pascua. Y esto es de un modo especial válido para el bautismo, porque es salir de una vida que caduca, que se dirige hacia la muerte, a la comunidad imperecedera de vida con Cristo, como acabamos de escuchar en la lectura de san Pablo, que describe el bautismo como comunión con la muerte y la resurrección, como el hoy del día de Pascua en la vida cristiana. Por eso la noche de Pascua es desde tiempos primitivos la noche del bautismo de la Iglesia, en la que hoy y aquí tiene lugar la Pascua como un ahora y no solo como un recuerdo de entonces.

Actualmente, sin embargo, cuando escuchamos algo semejante, nos resulta difícil aceptarlo. Nuestra idea de los sacramentos se ha vuelto mucho más modesta. Simplemente, esto que se acaba de decir, que lleva tan lejos de nuestras ideas cotidianas, podemos concebirlo solo con dificultades. Hemos recortado el sentido de los sacramentos a la medida de nuestras condiciones de vida inteligibles. Cuando los padres bautizan a sus hijos, con frecuencia apenas piensan en esta comunión de resurrección con Cristo, sencillamente desean realzar el momento del nacimiento con una ceremonia algo más grande que la que pueda proporcionar la mera celebración familiar. Y quizá entra también en juego el pensamiento de que a uno no le gusta separarse de una tradición que era sagrada para los antepasados y en la que, así se piensa, podría haber algo. Y también puede influir el pensamiento de que esta vida desamparada que ahora pone el pie en el umbral de un futuro lleno de peligros, que se querría confiar esta joven vida al amparo más grande que quizá pueda existir. Y, en todo caso, influye también la idea de que a través del bautismo se quiere acoger al niño en la comunidad de la Iglesia, en una parroquia viva, que pueda ser para él sostén y ayuda en su vida.

Los teólogos modernos inventaron incluso la idea de que el bautismo era, de hecho, *solo* acogida en la Iglesia, y puesto que la mayoría de las personas en aquellos tiempos no dominaban la escritura, en lugar de darles un documento se les disponía un acto público y ceremonioso, que debía grabarse con fuerza en la memoria de todos. Pero con ello, si el bautismo se degrada, por así decirlo, a una etapa previa y algo ingenua de la burocracia, no se ha llegado realmente al fondo del asunto y se ha entendido menos de lo que en otras reflexiones que he mencionado se podía aún vislumbrar.

Pues el hecho es que el ser humano en el momento de su nacimiento físico no ha nacido acabado, porque es un ser físico y un ser espiritual. Por eso el proceso de su nacimiento es necesariamente un proceso físico y espiritual. Por eso puede ser conducido a su fin y a su meta solo en el encuentro abierto y comprensivo con los seres humanos. El biólogo de Basilea Adolf Portmann ha mostrado con gran persuasión en sus investigaciones biológicas cómo en el ser humano el lapso de su concepción y de su nacimiento incide profundamente en su vida consciente, porque forma también parte de su individuación aprender a andar erguido, a oír y a hablar. Pero estos son acontecimientos que solo pueden tener lugar cuando los seres humanos cooperan, que son acontecimientos y al mismo tiempo procesos de acogida y respuesta espiritual.

Para que el ser humano nazca verdaderamente, no debe estar presente solo físicamente. Debe estarle permitido ser él mismo, y debe ser, por otro lado, aceptado dentro de una comunidad del hablar, oír, vivir y pensar. Necesita el permiso, necesita la aceptación, y necesita en ambos la especificación de un sentido que sostenga su vida. Pues el sentido del que puede vivir, que lo alienta y le da una dirección es, para el ser humano como ser que busca un sentido, una condición de su existencia física, forma parte de él mismo como el aire y como la respiración. Necesita la especificación de un sentido, sin el que el don de la vida sería absurdo e inaceptable. Pero el sentido solo se le da realmente cuando este es aún más fuerte que la muerte, cuando es más vida que la vida física misma, pues el sentido es la vida real.

André Malraux, el amigo de Charles de Gaulle, puso por escrito en su libro sobre la situación del ser humano la frase: «Se necesitan nueve meses para hacer un hombre, y un solo día para matarlo». Y añade: «No se necesitan nueve meses; se necesitan cincuenta años para hacer un hombre, y cuando ese hombre está hecho; cuando, verdaderamente, es un hombre, no sirve más que para morir».

Y san Agustín dijo una vez:

> ¿Por qué los médicos, tras haber examinado la enfermedad y haber visto que es mortal, dicen: «Morirá; no escapa de la muerte»? Ya desde el momento del nacimiento del hombre hay que decir: *«Non evadet*, no escapa de la muerte». (*Sermones* 97,3,3)

En afirmaciones semejantes se hace patente que el ser humano, que está amenazado por la muerte, que se dirige hacia la nada, necesita el sentido que resiste también frente a los poderes desconocidos del futuro y que es más fuerte que la muerte. Solo entonces ha nacido realmente, cuando ahí hay un sentido que puede ofrecerle la frente a este «*non evadet*, no escapa de la muerte».

Y esto sucede en la resurrección del Señor, que en el bautismo se convierte en nuestro sentido. La resurrección del Señor significa que él en persona es la verdad de las palabras: «El amor es más fuerte que la muerte». Y el bautismo significa que él avanza hacia nosotros y nos incorpora a la comunidad de la vida que no ha sido víctima de ninguna muerte. Y así, solo el bautismo es el don del sentido, que responde a la muerte y es más poderoso que ella, el auténtico, el nuevo, el verdadero nacimiento, la verdadera vida.

La liturgia del bautismo de la Iglesia, tal y como la podremos experimentar enseguida, alude a esto en múltiples símbolos. En primer lugar en el del agua. El agua es símbolo del poder de la muerte. En ella se hace patente que en el bautismo no se trata solo de burocracia, de la acogida en una asociación que se puede formalizar por documento. Y el agua bautismal es también más que un lavado, se trata de algo más que de cosmética, de embellecimiento de la vida. Es un acontecimiento de la muerte. Es la dimensión que interesa en la Iglesia, en la comunidad con el resucitado. Y solo cuando hay una comunidad semejante, en la que no está en juego una mera sociabilidad o cosmética, sino que se responde a la pregunta de la muerte, entonces merece la pena vivir, entonces esta comunidad es don del sentido, que se extiende a la vida eterna y por eso hace que sea posible la vida presente.

Y junto a esto están los símbolos de la vestidura blanca y la vela ardiendo como representación de la vida dada, nueva. Selma Lagerlöf describió en *La llama sagrada* cómo un caballero italiano, que en sus maneras le resultaba insoportable a la gente, se propuso un día encender una luz en el Santo Sepulcro en Jerusalén y llevarla intacta a casa, a Italia. Y como emprende esta peregrinación y existe ya solo para la luz, está entregado a la luz para que esta permanezca, entonces tiene lugar no un viaje hacia fuera, sino hacia dentro. En este estar entregado a la luz se libera de sí mismo y él mismo se vuelve luminoso, porque tiene que salvaguardar lo que se le ha regalado.

En nosotros esta leyenda se convierte en realidad en el bautismo. En el Cristo resucitado está encendida nuestra luz, la luz del sentido, de la vida que permanece, y esto es la gran misión de nuestra vida: que llevemos esta luz a través del tiempo, sin apagarse, ardiendo; que, ofrecidos a ella, nos convirtamos en nosotros mismos.

Por esta alegría de la luz pascual que es nuestra gracia y nuestra misión, queremos dejarnos tocar de nuevo en esta hora del aleluya pascual de la Iglesia.

NUESTRO SÍ A CRISTO

Mc 1, 7-11

¡Queridos padres, padrinos y madrinas, queridos hermanos y hermanas!

¿Qué sucede en el bautismo? ¿Qué se espera del bautismo? Vosotros habéis dado una respuesta en el umbral de esta capilla: esperamos para nuestros hijos la vida eterna.

Este es el objetivo del bautismo. Pero ¿cómo puede hacerse realidad? ¿Cómo puede el bautismo dar la vida eterna? ¿Qué es la vida eterna?

Podría decirse con palabras más sencillas: esperamos una buena vida para nuestros hijos, la verdadera vida, suerte también en un futuro desconocido. No estamos en condiciones de garantizar este regalo para todo lo que dure ese futuro desconocido, y por eso acudimos al Señor para obtenerlo de él.

A la pregunta: «¿Cómo sucederá esto?» podemos dar dos respuestas. La primera de ellas es: por el bautismo cada niño es acogido en un grupo de amigos que nunca lo abandonará, ni en la vida ni en la muerte, pues esta comunidad es la familia de Dios, que lleva dentro de sí la promesa de la eternidad. Este grupo de amigos, esta familia de Dios a la que el niño es ahora incorporado, lo acompañará siempre, también en los días de sufrimiento, en las noches oscuras de la vida; le dará consuelo, aliento y luz. Este grupo de amigos, esta familia, le dará palabras de vida eterna, palabras de luz, que dan respuesta a los grandes retos de la vida e indican el camino adecuado. Este grupo de amigos le ofrece al niño consuelo, aliento y el amor de Dios también en el umbral de la muerte, en el valle oscuro de la muerte. Le dará amistad y vida. Y este grupo de amigos de absoluta confianza estará siempre ahí. Ninguno de nosotros sabe lo que ocurrirá en nuestro planeta, en nuestra Europa durante los próximos cincuenta, sesenta, setenta años. Pero una cosa es segura: siempre existirá la familia de Dios, y quien pertenezca a esta familia nunca estará solo, sino que siempre podrá contar con la amistad de aquel que es la vida.

Así hemos llegado a la segunda respuesta. Esta familia de Dios, este grupo de amigos perdurará eternamente, puesto que es comunión con aquel que ha vencido a la muerte, que sostiene en las manos las llaves de la vida. Pertenecer a esta comunidad, a la familia de Dios, significa estar unido a Cristo, que es la vida y da amor eterno más allá de la muerte. Y si podemos decir que el amor y la verdad son la fuente de la vida, son la misma vida —y una vida sin amor no es vida—, entonces podemos decir que esta comunión con él, que es realmente la vida, con él, que es el sacramento de la vida, satisfará vuestra expectativa, vuestras esperanzas.

Sí, el bautismo inserta al ser humano en la comunión con Cristo y da de este modo vida, *la* vida. Así hemos interpretado el primer diálogo, que se ha desarrollado aquí, en el umbral de la Capilla Sixtina. Ahora, después de la bendición del agua bautismal, seguirá un segundo diálogo de gran importancia. Su contenido es el siguiente: el bautismo es, como hemos visto, un regalo, el regalo de la vida. Pero un regalo debe aceptarse, debe vivirse. Un regalo de amistad implica decir sí al amigo y decir no a todo lo que es incompatible con esta amistad, lo que es incompatible con la vida de la familia de Dios, con la verdadera vida en Cristo. Así, en este segundo diálogo se pronuncian tres no y tres sí. Se dice no, renunciando a las tentaciones, al pecado, al demonio. Conocemos bien estas cosas, pero quizá precisamente porque las hemos oído con tanta frecuencia, estas palabras no nos dicen mucho. Por eso deberíamos profundizar un poco en el significado de este triple no. ¿A qué decimos no? Solo así podemos entender a qué queremos decir sí.

En la antigua Iglesia este triple no se resumía en una palabra que las personas de aquel tiempo entendían bien: se renuncia —así se decía— a la *pompa diaboli*, a la promesa de una vida en la abundancia, a esa vida engañosa que parecía llegar del mundo pagano, de sus libertades, de su modo de vivir solo como a uno le agradaba. Era por lo tanto un no a una cultura que traía aparentemente consigo una vida en abundancia, pero que en realidad era una «anticultura» de la muerte. Era el no a esos espectáculos en los que la muerte, la crueldad y la violencia se habían convertido en diversión. Pensemos en lo que sucedía en el coliseo o aquí, en los jardines del emperador Nerón, donde se les prendía fuego a las personas como a antorchas humanas. La crueldad y la violencia se habían convertido en elementos de diversión, una verdadera perversión de la alegría, del verdadero significado de la vida.

Esta *pompa diaboli*, esta «anticultura» de la muerte era una perversión de la alegría, era amor a la mentira y al engaño, era un uso indebido del cuerpo humano como mercancía. Y si reflexionamos sobre esto, podemos decir que también en la época actual debemos decir no a la cultura de la muerte que impera en muchos ámbitos, a una «anticultura» que se muestra por ejemplo en el problema de las drogas, en la huida de lo real hacia lo ilusorio, hacia una felicidad falsa que se expresa en la mentira, en el engaño, en la injusticia, en el desprecio del otro, en el desprecio de la solidaridad y de la responsabilidad por los pobres y los que sufren, así como en una sexualidad que se convierte en puro disfrute sin ningún sentido de responsabilidad, por lo cual, por así decirlo, tiene lugar una «cosificación» del ser humano, que ya no se considera persona, digna de amor personal y fidelidad, sino que se convierte en mercancía, en un mero objeto. A esta promesa de felicidad engañosa, a esta *pompa* de una vida engañosa que es en realidad únicamente una herramienta de la muerte, a esta «anticultura» decimos no para cuidar la cultura de la vida. Por eso este sí cristiano ha sido desde la Antigüedad hasta hoy siempre un claro sí a la vida. Este es nuestro sí a Cristo, el sí al vencedor sobre la muerte y el sí a la vida en el tiempo y en la eternidad.

Al igual que en este diálogo bautismal el no encuentra su expresión en una triple renuncia, así también el sí encuentra su expresión en un triple asentimiento: sí al Dios vivo, al Dios Creador, a una razón creadora que le otorga sentido al cosmos y a nuestra vida, sí a Cristo, a un Dios que no se ha quedado en lo oculto, sino que tiene un nombre, tiene palabras, tiene cuerpo y sangre, a un Dios concreto que nos da la vida y nos indica el camino de la vida, sí a la comunidad de la Iglesia, en la que Cristo es el Dios vivo, que entra en nuestro tiempo, en nuestra profesión, en nuestra vida diaria.

Podríamos decir también que el rostro de Dios, que es el contenido de esta cultura de la vida, el contenido de nuestro gran sí, encuentra su expresión en los diez mandamientos, que no son un conjunto de prohibiciones en las que solo se expresaría el no, sino que muestran en realidad una gran visión de la vida. Son un sí a un Dios que le da sentido a la vida (los tres primeros mandamientos), un sí a la familia (cuarto mandamiento), un sí a la vida (quinto mandamiento), un sí al amor responsable (sexto mandamiento), un sí a la solidaridad, la responsabilidad social y la justicia (séptimo mandamiento), un sí a la verdad (octavo mandamiento), un sí al respeto de otras personas y de lo que les pertenece (noveno y décimo mandamiento). Esta es la filosofía de la vida, es la cultura de la vida que se vuelve concreta, factible y hermosa en comunión con Cristo, el Dios vivo, que camina con nosotros en la comunidad de sus amigos, en la gran familia de la Iglesia. El bautismo es el regalo de la vida. Es un sí al reto de vivir realmente la vida y decir no al ataque de la muerte que se disfraza como vida, y es un sí al gran regalo de la verdadera vida, presente en el rostro de Cristo, que se nos regala en el bautismo y luego en la eucaristía.

Esto debe servir como breve comentario a las palabras que en el diálogo del rito bautismal expresan lo que se realiza en este sacramento. Además de las palabras, tenemos también los ritos y símbolos, pero solo aludiré brevemente a ellos. El primer gesto lo hemos ya realizado: es la señal de la cruz, que se nos ha dado como escudo que debe proteger a este niño en la vida. Es como un «indicador de camino» para la vida, pues la cruz es el resumen de la vida de Jesús. Después están los distintos elementos: el agua, la unción con el óleo, el vestido blanco y la llama de la vela. El agua simboliza la vida: el bautismo es nueva vida en Cristo. El óleo simboliza la fuerza, la salud, la belleza, pues es realmente hermoso vivir en comunión con Cristo. Después está el vestido blanco como expresión de la cultura de la belleza, de la cultura de la vida, y por último la llama de la vela como expresión de la verdad que brilla en las tinieblas de la historia, que nos muestra quiénes somos, de dónde venimos y hacia dónde debemos caminar.

Queridas madrinas y padrinos, queridos padres, queridos hermanos, demos gracias al Señor en este día porque Dios no se oculta detrás de las nubes del misterio inescrutable, sino que, como nos ha dicho el evangelio de hoy, ha abierto el cielo y se nos ha mostrado, habla con nosotros y está junto a nosotros, vive con nosotros y nos guía en nuestra vida. Demos gracias al Señor por este regalo y pidámosle por nuestros hijos, para que puedan tener realmente la vida, la vida verdadera y eterna.

CONFIRMACIÓN

«¡ESCOGE LA VIDA!»

Dt 30, 15-20; Jn 14, 1-6

L o que el sacramento de la confirmación significa nos lo aclara la Iglesia sensorialmente en los signos con los que son administrados. Si se observa algo más de cerca cómo se desarrolla la administración de la confirmación, se puede constatar fácilmente que se realiza en tres fases. Comienza con el voto de la confirmación; a él le sigue la oración que el obispo pronuncia en nombre de la Iglesia con las manos extendidas, y a esto le sigue la administración de la confirmación propiamente dicha, que comprende unción, imposición de las manos y saludo de paz. Observemos estas tres partes algo más de cerca.

Al comienzo hay una pregunta y una respuesta: «¿Renunciáis a Satanás, creéis en Dios, Padre todopoderoso, en su Hijo Jesucristo, en el Espíritu Santo y en la Santa Iglesia católica?». Estas preguntas conectan la confirmación y el bautismo. Fueron ya hechas en el bautismo y contestadas en representación de la mayor parte de vosotros por padres y padrinos, que en cierto modo os prestaron su fe, así como en realidad habían puesto a disposición vuestra un trozo de su vida para que cuerpo y alma y espíritu pudiesen despertar y desarrollarse. Pero ahora lo prestado tiene que convertirse en propio. Es cierto que como seres humanos vivimos siempre unos de otros, de eso que no nos prestamos simplemente unos a otros, sino que regalamos. Uno sostiene al otro. Pero tenemos que decidirnos también nosotros mismos; lo regalado nos pertenece solo cuando nosotros mismos lo hemos aceptado. Así, en la confirmación se continúa lo que había empezado en el bautismo. Es la consumación del bautismo. Este es incluso el auténtico contenido de la palabra «confirmación»: significa lo mismo que ratificación. «Confirmación» es una palabra del lenguaje del derecho y se emplea para un procedimiento que entra en vigor de forma definitiva con un contrato.

De hecho, este voto, con el que comienza la administración de la confirmación, se emplea como conclusión de un contrato. Recuerda a la alianza de Dios con Israel en el Sinaí. Allí Dios había colocado a Israel ante la elección: «Te pongo delante la vida y la muerte. […] Elige, pues, la vida, para que vivas tú y tu descendencia» (Dt 30,19). La confirmación es vuestro Sinaí. El Señor está ante vosotros y os dice: ¡Escoge la vida! A todos les gustaría vivir, sacar en lo posible mucho de la vida, aprovechar de la mejor manera la oferta de la vida. ¡Escoge la vida! Solo hemos escogido de verdad la vida cuando estamos en alianza con aquel que es él mismo la vida. La negativa a Satán significa la negativa al poder de la mentira, que nos hace creer que es la vida, conduciéndonos con ello al desierto. Quien por ejemplo se deja atrapar por las drogas busca una expansión insospechada de la vida hacia lo fantástico e ilimitado, y al principio también cree encontrarla. Pero es en realidad engañado; al final ya no puede soportar la vida real, y la otra, la mentira a la que fue atraído, acaba también por desmoronarse. ¡Escoge la vida! Las preguntas y respuestas del voto de la confirmación son una especie de instrucciones para la vida; son las señales de tráfico para el ascenso a la vida, que no siempre es cómodo. Pero lo cómodo no es lo verdadero, y solo lo verdadero es vida. Acabamos de decir hace un momento que este voto es una especie de contrato, una alianza. Podríamos también decir: se asemeja a un casamiento. Ponemos nuestras manos en las manos de Jesucristo. Nos decidimos a andar nuestro camino con él porque sabemos: él es la vida (Jn 14,6).

La determinación es parte del ser cristiano, pero este no es meramente un sistema de preceptos que exigirían de nosotros rendimientos morales. En el ser cristiano nosotros somos también los obsequiados. Significa ser acogido en una comunidad que nos sostiene, la Iglesia. Esto se hace patente en el segundo acto de la administración de la confirmación, la oración, que el obispo pronuncia en nombre de toda la Iglesia en virtud de su consagración. El obispo extiende las manos, como había hecho Moisés mientras Israel luchaba (Ex 17,11-12). Estas manos extendidas son como un techo que nos cubre y protege de sol y la lluvia; son también como una antena que acoge las ondas del éter y con él nos trae lo que está muy lejos de nosotros.

De este modo, la imposición de las manos representa lo que significa la oración: como cristianos estamos siempre incorporados al orar de toda la Iglesia. Nadie está solo. Nadie está totalmente olvidado y abandonado. Forma parte de la comunidad, que en la oración responde siempre de todos. Así, esta oración es realmente como un techo; nos encontramos bajo la protección de estas manos extendidas. Y es como una antena que permite que la lejanía se acerque a nosotros: la lejanía, la fuerza del Espíritu Santo, se convierte en la nuestra cuando estamos en el circuito eléctrico de este orar. Para aquel que vive en la Iglesia son válidas las hermosas palabras que en la parábola del hijo pródigo el padre le dice al hermano que ha permanecido en casa: «Todas mis cosas son tuyas» (Lc 15,31).

Así como al comienzo de nuestra vida los padres nos han guardado su vida y su fe, así la Iglesia nos mantiene en su fe y en su orar; nos pertenece, desde el momento en que nosotros pertenecemos a ella. Así, las palabras inmensas y aparentemente tan lejanas obtienen un sentido: pedir el espíritu de la sabiduría, de la fuerza, de la devoción, del temor de Dios. Nadie puede construir su vida solo, para ello tampoco basta la sabiduría, la ciencia, el vigor de lo más fuerte. Solo necesitamos mirar en los periódicos para ver una y otra vez cómo justamente los fuertes y admirados con frecuencia ya no saben al final qué hacer con su vida y fracasan. Si preguntamos a la inversa por el secreto de personas que quizá han sido muy sencillas, pero que han encontrado la paz y la realización, se muestra entonces que el núcleo de su secreto es este: no estaban solos. No necesitaron inventar la vida por sí mismos. No necesitaron figurarse por sí mismos lo que esto significa y cómo funciona: «¡Escoge la vida!». Se dejaron «aconsejar» allí donde había consejo, y así les perteneció aquello que ellos mismos no tenían: la sabiduría, la fuerza, la comprensión. «Todas mis cosas son tuyas». Estaban bajo un techo que cubre, pero no cierra, sino que atrapa las ondas de lo eterno, las ondas de la vida y nos une a ella.

Las manos del obispo nos muestran dónde está este techo que todos nosotros necesitamos. Son una indicación y una promesa: bajo el techo de la confirmación, bajo el techo de la Iglesia orante vivimos protegidos y abiertos al mismo tiempo: en el circuito eléctrico del Espíritu Santo.

Finalmente sigue el mismo acto de la confirmación, en cada individuo. Comienza con que cada individuo es llamado por su nombre. Ante Dios no son una masa. Por eso los sacramentos no son nunca colectivos, sino que son siempre administrados personalmente. Para Dios cada individuo tiene su propia cara, su propio nombre. Dios se dirige a nosotros personalmente. No somos copias intercambiables de una mercancía; somos amigos: conocidos, queridos, amados. Dios tiene con cada uno su propio plan. Quiere a cada uno. Nadie es superfluo, nadie una mera casualidad. Esto debería penetrar vuestro corazón con esta mención del nombre. Dios *me* quiere. ¿Qué quiere de mí?

La imposición de las manos es la aplicación en lo personal del gesto de las manos extendidas. La imposición de las manos es en primer lugar un gesto de toma de posesión. Cuando pongo mi mano sobre algo, quiero decir con ello: esto es mío. El Señor pone su mano sobre nosotros. Somos suyos. Mi vida no me pertenece simplemente a mí mismo. No puedo decir: esta es *mi* vida; puedo hacer con ella lo que quiera; si la echo a perder, es una cuestión privada mía. No, Dios me ha destinado una tarea para el todo. Si destruyo o malogro esta vida, algo falla en el todo. De una vida negativa procede algo negativo para los otros; de una vida positiva procede bendición para el todo. Nadie vive para sí solo. Mi vida no es mía. Se me preguntará: ¿Qué has hecho con esta vida que te he dado? Su mano está puesta sobre mí…

Pero la imposición de las manos es también un gesto de ternura, de amistad. Si ya no le puedo decir absolutamente nada más a un enfermo porque está demasiado cansado, quizá incluso inconsciente, pero pongo mi mano sobre él, siente una cercanía que le ayuda. Él sabe: no estoy solo. Al mismo tiempo, la imposición de las manos alude a la ternura de Dios hacia nosotros. Por medio de esta imposición de las manos sé que me sostiene un amor con el que se puede contar incondicionalmente. Un amor que va conmigo, que nunca me defrauda y que no me deja caer, tampoco en mi fracaso. Hay ahí un comprender que es para mí cierto, también donde nadie más me quiere entender. Alguien ha puesto su mano sobre mí: el Señor.

La imposición de las manos es además un gesto de protección. El Señor responde de mí. No me ahorra las inclemencias del tiempo, pero me protege del auténtico mal, que habitualmente olvidamos en todas nuestras salvaguardias, de la pérdida de la fe, de la pérdida de Dios; si me confío a él y yo mismo no me escapo de sus manos.

Entonces la frente es marcada con el signo de la cruz. Es el signo de Jesucristo, en el que él regresará un día. Es, nuevamente, un signo de propiedad:

traspaso a Cristo, tal y como lo hemos prometido antes en el voto. Es un indicador. En las carreteras se ponen hitos para que cuando se está en camino uno pueda llegar a la meta. A nuestros antepasados les gustaba colocar en las carreteras la imagen del crucificado, también como un indicador. Querían decir: no estamos solo en el camino de este pueblo a aquel otro, de esta ciudad a la otra.

En todos nuestros caminos se consume y consuma nuestra vida. En todos estos caminos nuestra vida es vivida, y no tenemos solo que encontrar determinados lugares, sino la misma vida. Ese era el mensaje de este extraño indicador: presta atención a no acabar con tu vida en un callejón sin salida. Sigue a este, entonces encontrarás el camino, pues él es el camino (Jn 14,6). Pero la cruz es (y todo esto está relacionado) una invitación a la oración. Con la señal de la cruz damos comienzo a nuestras oraciones; con ella empezamos la eucaristía; con ella se nos administra en el sacramento de la penitencia la absolución.

La cruz de la confirmación nos invita a la oración, tanto a la oración personal como a la oración grande, comunitaria de la eucaristía. Nos dice: puedes regresar una y otra vez a la confirmación regresando a este signo. La confirmación no es el suceso de un instante, es un comienzo que quiere madurar a través de una vida. Te adentras en el bautismo y en la confirmación cada vez que te adentras en este signo. En él se cumple paso a paso la oración y la promesa de este día: la llegada del espíritu de la sabiduría, de la comprensión, del consejo y de la fuerza. No se puede meter este espíritu en el bolsillo como una moneda y sacarlo en caso necesario. Solo se puede recibir en la vivencia compartida; en el punto de contacto que él mismo nos ha dado: el de la cruz.

Esta cruz nos es dibujada en la frente con el santo crisma que el obispo bendice el Jueves Santo para todo el año y para toda la diócesis. Aquí salen varias cosas a la luz. El aceite era en el mundo antiguo un cosmético; era un elemento fundamental de la alimentación; era la medicina más importante; era para el cuerpo protección del calor abrasador y así, al mismo tiempo, fortalecimiento. Elemento del vigor y del soporte vital. De este modo se convirtió en expresión del vigor y de la belleza de la vida, y en símbolo del Espíritu Santo. Profetas, reyes y sacerdotes fueron ungidos con aceite, de forma que el aceite se convirtió también en un signo de estos cargos. El rey se llamaba, en el lenguaje de Israel, simplemente «el ungido»; la palabra griega para esto se dice «Cristo». Así, la unción significa una vez más que el mismo Cristo nos toma en sus manos, significa que nos ofrece la vida, el Espíritu Santo. «Escoge la vida»: esto no es solo una orden, es al mismo tiempo un don. «Ahí está», nos dice el Señor en el signo de la cruz, eso que es administrado con el aceite.

Pero es importante también lo que acabamos de escuchar: este aceite es bendecido el Jueves Santo para todo el año y para todos los lugares. Procede de la decisión del amor, que Cristo expresó de un modo definitivo en la última Cena. Esta decisión abarca los lugares y los tiempos. Quien quiera formar parte de ella no se puede encerrar en un grupo, en una comunidad, en un pueblo, en un partido. Solo cuando nos abrimos entrando en la fe común de todos los lugares y tiempos, estamos con él. Solo cuando creemos con toda la Iglesia, tomamos de ella nuestra medida y no imponemos nuestras propias ideas de una manera absoluta, estamos en el gran circuito eléctrico de su vida. La confirmación también es siempre superación de los límites. Exige de nosotros abandonar lo cuadriculado de

nuestras ideas y deseos, y llegar a ser verdaderamente «católicos»: vivir, pensar, obrar con el todo
de la Iglesia. Esto debe, por ejemplo, tener consecuencias en nuestra corresponsabilidad por los
pobres de todo el mundo; debe tener consecuencias en nuestro orar, celebrando la liturgia de toda
la Iglesia y no siguiendo nuestras inspiraciones;
debe tener consecuencias en la configuración de
nuestra fe, que toma su medida de la palabra de
toda la Iglesia y de su tradición. No somos nosotros los que hacemos la fe, el Señor nos la regala.
Se nos regala. La cruz dibujada con el santo crisma
es para nosotros garantía de que nos toma en sus
manos y que, en comunión con la Iglesia, su espíritu nos toca y guía.

Volvamos la vista al todo sobre el que hemos
reflexionado. Me parece que la estructura en tres
fases de la confirmación es realmente también una
metáfora del camino de nuestro ser cristiano. En la
secuencia voto, oración, sello actuamos primero
nosotros mismos, después la Iglesia, después Cristo y el Espíritu Santo. Podemos entonces describir
las tres partes como palabra, respuesta y hacer;
nosotros-la Iglesia-Cristo se alternan como acto-
res. Esta forma del sacramento refleja el ritmo de la

vida. Al principio se encuentra sobre todo el desafío al propio hacer: ser cristiano aparece como una resolución, como una exigencia a nuestra valentía y a nuestra capacidad de renunciar y de decidir. Aparentemente es dificultoso, y la vida de los demás parece más cómoda. Pero cuanto más nos introducimos en el sí del voto del bautismo y de la confirmación, más experimentamos el ser sostenidos por el todo de la Iglesia. Allí donde lo propio, lo hecho por sí mismo y el poder hacerlo uno mismo comienzan a desintegrarse, ahí se empieza a mostrar el fruto de la respuesta. Allí donde la vida se convierte para los seres humanos sin Dios en una envoltura vacía que se preferiría tirar, ahí se muestra cada vez más que es verdadera: no estoy solo. Y también cuando va oscureciendo, el camino conduce a ese amor que nos abraza y sostiene, donde ningún ser humano puede ya sostenernos. La fe es una base sólida para la casa de nuestra vida; se mantiene también firme en un futuro que nadie puede conocer de antemano.

Así, la confirmación es promesa que se extiende a la eternidad. Pero es antes una llamada a nuestra valentía y a nuestra audacia; una llamada a atrevernos con Cristo a construir la vida en la disponibi lidad de la fe dirigiéndola hacia él, aun cuando otros lo encuentren ridículo o pasado de moda. El camino conduce a la luz.

Atrevámonos a él. Digamos sí. A ello nos anima esta hora del santo sacramento: «¡Escoge la vida!».

SELLADO CON EL ESPÍRITU

Hch 2,1-11; 1 Cor 12,3b-7.12-13; Lc 4,14-22a

¡Queridos amigos! «Recibiréis la fuerza del Espíritu Santo que vendrá sobre vosotros» (Hch 1,8). ¡Hemos visto cumplida esta promesa! El día de Pentecostés, como hemos escuchado en la primera lectura, el Señor resucitado, que está sentado a la derecha del Padre, envió el espíritu a los discípulos reunidos en el cenáculo. En la fuerza de este espíritu Pedro y los apóstoles salen a anunciar el Evangelio hasta los confines de la tierra. En todos los tiempos y en todas las lenguas la Iglesia continúa anunciando en todo el mundo las maravillas de Dios y llamando a todas las naciones y pueblos a la fe, a la esperanza y a una nueva vida en Cristo.

En estos días también yo he venido como sucesor de san Pedro a este maravilloso país, Australia. He venido hasta aquí para fortaleceros, mis jóvenes hermanos y hermanas, en vuestra fe y abrir vuestro corazón a la fuerza del espíritu de Cristo y a la riqueza de sus dones. Rezo para que esta gran asamblea, que reúne a jóvenes «de todos los países que hay bajo el cielo» (Hch 2,5), sea un nuevo cenáculo. ¡Que el fuego del amor de Dios descienda para llenar vuestro corazón, que os una de un modo cada vez más perfecto con el Señor y su Iglesia y os envíe como una nueva generación de apóstoles para llevar el mundo a Cristo!

«Recibiréis la fuerza del Espíritu Santo que vendrá sobre vosotros». Estas palabras del Señor resucitado tienen un especial significado para esos jóvenes que en la misa de hoy serán confirmados, serán sellados con el don del Espíritu Santo.

Pero están dirigidas también a cada uno de nosotros, a todos aquellos que han recibido como don del Espíritu la reconciliación y la nueva vida en el bautismo, que en la confirmación han acogido el espíritu en su corazón como su ayuda y guía, y que día tras día crecen en sus dones de gracia mediante la eucaristía. En efecto, en cada misa el Espíritu Santo desciende nuevamente cuando es invocado mediante la oración solemne de la Iglesia, no solo para transformar nuestros dones del pan y el vino en el cuerpo y la sangre del Señor, sino también para transformar nuestra vida, para hacer que en su fuerza nos convirtamos en «un solo cuerpo y un solo espíritu en Cristo».

Pero ¿qué es esta «fuerza» del Espíritu Santo? ¡Es la fuerza de la vida divina! Es la fuerza del mismo espíritu que flotaba sobre las aguas al principio de la creación y que, cuando se cumplió el tiempo, resucitó a Jesús de entre los muertos. Es la fuerza que nos conduce a nosotros y a nuestro mundo hacia la venida del reino de Dios. En el evangelio de hoy Jesús anuncia que ha comenzado una nueva época, en la que el Espíritu Santo será derramado sobre toda la humanidad (cf. Lc 4,21). Él mismo, que fue concebido por obra del Espíritu Santo y nació de la Virgen María, vino a nosotros para traernos este espíritu. Como fuente de nuestra nueva vida en Cristo, el Espíritu Santo es también de un modo muy real el alma de la Iglesia, el amor que nos une al Señor y entre nosotros, y la luz que nos abre los ojos para que veamos las maravillas de la gracia de Dios que nos rodean.

Aquí en Australia, en esta «gran tierra meridional del Espíritu Santo», todos nosotros hemos vivido la experiencia inolvidable de la presencia y de la fuerza del espíritu en la belleza de la naturaleza. Nuestros ojos han sido abiertos para que veamos el mundo a nuestro alrededor tal y como es realmente.

«Colmado de la grandeza de Dios», como dice el poeta, lleno de la magnificencia de su amor creativo. También aquí, en esta grandiosa reunión de jóvenes cristianos procedentes de todo el mundo hemos tenido una experiencia viva de la presencia del Espíritu y de su fuerza en la vida de la Iglesia. Hemos visto a la Iglesia como realmente es: el cuerpo de Cristo, una comunidad viva de amor, cuya unidad nace de nuestra fe en el Señor resucitado y abarca personas de todas las razas, naciones y lenguas, de todas las edades y lugares.

¡La fuerza del Espíritu Santo nunca cesa de llenar de vida a la Iglesia! A través de la gracia de los sacramentos de la Iglesia, la fuerza brota también profundamente en nosotros, como un río subterráneo que empapa nuestro espíritu y nos lleva cada vez más cerca de la fuente de nuestra verdadera vida, que es Cristo. San Ignacio de Antioquía, que murió mártir en Roma al comienzo del siglo II, nos dejó una espléndida descripción de la fuerza del espíritu que habita en nosotros. En la Carta a los romanos 7,2 habló del espíritu como la fuente de agua viva que mana en su corazón y susurra: «¡Ven al Padre!».

Pero esta fuerza, la gracia del Espíritu, no es algo que podamos merecer o conquistar, sino que solo podemos recibirlo como puro obsequio. El amor de Dios solo puede desplegar su fuerza cuando permitimos que nos cambie desde dentro. Tenemos que dejarlo atravesar la dura costra de nuestra indiferencia, de nuestra pereza espiritual y de nuestra adaptación ciega al espíritu de esta época. Solo entonces podemos dejarlo inflamar nuestra imaginación y moldear nuestros anhelos más profundos. Por esta razón es tan importante la oración: la oración diaria, la oración personal en el silencio de nuestro corazón y ante el Santísimo, y la oración litúrgica en el corazón de la Iglesia. La oración es pura receptividad para la gracia de Dios, amor en acción, comunión con el espíritu que habita en nosotros y nos conduce, a través de Jesús y en la Iglesia, hasta nuestro Padre celestial. En la fuerza de su espíritu Jesús está siempre presente en nuestro corazón y espera tranquilo a que estemos en silencio junto a él para oír su voz, permanecer en su amor y recibir la «fuerza de lo alto», una fuerza que nos capacita para ser sal y luz del mundo.

En la Ascensión, el Señor resucitado dijo a sus discípulos: «Seréis testigos míos […] hasta los confines de la tierra» (Hch 1,8). Démosle las gracias al Señor aquí en Australia por el don de la fe, que ha llegado a nosotros como un tesoro que se ha transmitido de generación en generación en la comunidad de la Iglesia. Damos las gracias aquí en Oceanía de un modo especial por todos esos misioneros heroicos, sacerdotes y religiosos abnegados, y padres y abuelos cristianos, profesores y catequistas, que construyeron la Iglesia en estas tierras.

¡Testigos como la beata Mary MacKillop, san Peter Chanel, el beato Peter To Rot y tantos otros! La fuerza del Espíritu que se manifestó en sus vidas sigue actuando en todas las buenas obras que han dejado tras de sí, en la sociedad a la que han dado forma y que ya pronto será puesta en vuestras manos.

Queridos jóvenes amigos, permitidme que os haga una pregunta. ¿Qué le dejaréis vosotros a la próxima generación? ¿Construís vuestra vida sobre bases sólidas y edificáis algo que perdurará? ¿Vivís vuestra vida de manera que, en medio de un mundo que quiere olvidar a Dios o incluso lo rechaza en nombre de una libertad mal entendida, abra espacio para el Espíritu? ¿Cómo empleáis los dones que habéis recibido, la «fuerza» que el Espíritu Santo querría también ahora liberar en vosotros? ¿Qué herencia les dejaréis a esos jóvenes que vengan después de vosotros? ¿Qué diferencia crearéis?

La fuerza del Espíritu Santo no se limita a iluminarnos y consolarnos. Nos orienta también hacia el futuro, hacia la venida del reino de Dios. ¡Qué maravillosa visión de una humanidad redimida y renovada descubrimos en el nuevo tiempo que el evangelio de hoy nos promete! San Lucas nos dice que Jesucristo es el cumplimiento de todas las promesas de Dios, el Mesías que posee en abundancia el Espíritu Santo para compartirlo con la humanidad entera. La efusión del espíritu de Cristo sobre la humanidad es una garantía de esperanza y liberación de todo lo que nos empobrece. Concede a los ciegos una nueva vista, libera a los oprimidos y crea unidad en y a través de la diversidad (Lc 4,18-19; Is 61,1-2). Esta fuerza puede crear un mundo nuevo: ¡puede hacer «nuevo el aspecto de la tierra»! (Sal 104,30).

Fortalecida por el espíritu y apoyada en la clarividencia de la fe, una nueva generación de cristianos está llamada a contribuir a la construcción de un mundo en el que la vida sea aceptada, apreciada y amada, y no rechazada, temida como una amenaza y destruida. Un tiempo nuevo, en el que el amor no sea codicioso y egoísta, sino puro, fiel y verdaderamente libre, abierto a otros y respetuoso de su dignidad, que busque su bien e irradie alegría y belleza. Un tiempo nuevo en el que la esperanza nos libere de la superficialidad, de la apatía y del egocentrismo que deja morir nuestra alma y envenena la red de relaciones humanas. Queridos jóvenes amigos, el Señor os pide ser profetas de este nuevo tiempo, mensajeros de su amor, que atraigáis a los seres humanos hacia el Padre y construyáis un futuro de esperanza para toda la humanidad.

¡El mundo necesita esta renovación! En muchas de nuestras sociedades se extiende junto al bienestar material un desierto espiritual: un vacío interior, un temor sin nombre y un sentimiento secreto de desesperanza. Cuántos de nuestros contemporáneos, en su búsqueda desesperada de sentido —de un sentido último que solo puede conceder el amor— han excavado aljibes agrietados y vacíos (cf. Jer 2,13). En ello reside el don inmenso y liberador del Evangelio: revela nuestra dignidad como hombres y mujeres que fueron creados a imagen y semejanza de Dios. Revela la sublime vocación de la humanidad, que consiste en encontrar su plenitud en el amor. Nos descubre la verdad sobre el ser humano y la verdad sobre la vida.

¡También la Iglesia necesita esta renovación! ¡Necesita vuestra fe, vuestro idealismo y vuestra generosidad para poder ser siempre joven en espíritu (cf. *Lumen Gentium* 4)! En la segunda lectura del día de hoy el apóstol Pablo nos recuerda que cada cristiano ha recibido un don que está destinado a emplearse para construir el cuerpo de Cristo.

La Iglesia necesita de un modo especial los dones de los jóvenes, de todos los jóvenes. Tiene que crecer en la fuerza del espíritu, que también ahora infunde alegría a vuestra juventud y os anima a servir con gozo al Señor. ¡Abrid vuestro corazón a esta fuerza! Esta petición la dirijo especialmente a todos aquellos a los que el Señor llama al sacerdocio y a la vida consagrada. No temáis decirle sí a Jesús, encontrar vuestra alegría en cumplir su voluntad, entregándoos por entero a la búsqueda de la santidad y usando todo vuestro talento al servicio del prójimo.

En unos momentos celebraremos el sacramento de la confirmación. El Espíritu Santo descenderá sobre los confirmandos; serán «sellados» con el don del Espíritu Santo y enviados para ser testigos de Cristo. ¿Qué significa recibir el «sello» del Espíritu Santo? Significa llevar un signo indeleble, estar transformado de un modo permanente y ser una nueva criatura. ¡Para aquellos que han recibido este don, nada puede ser lo mismo! Ser «bautizado» en el espíritu significa ser inflamado por el amor de Dios. Haber «bebido del Espíritu» (cf. 1 Cor 12,13) significa ser reanimado por la belleza del plan del Señor para nosotros y para el mundo, y de este modo convertirnos nosotros mismos en una fuente de reanimación espiritual para otros. Ser «sellado con el Espíritu Santo» significa que, al intervenir a favor del triunfo de la civilización del amor, no tengamos miedo de defender a Cristo y de dejar que la verdad del Evangelio atraviese nuestro ver, pensar y actuar.

Cuando ahora oremos por los confirmandos, pediremos también que la fuerza del Espíritu Santo reavive de nuevo la gracia de la confirmación en cada uno de nosotros. ¡Que él derrame sus dones en abundancia sobre todos los presentes, sobre la ciudad de Sídney, sobre la tierra de Australia y todos sus habitantes! Que cada uno de nosotros sea renovado en el espíritu de la sabiduría y de la inteligencia, en el espíritu del consejo y de la fortaleza, en el espíritu del conocimiento y de la piedad, y en el espíritu del temor de Dios.

¡Que por la amorosa intercesión de María, de la madre de la Iglesia, esta vigesimotercera Jornada Mundial de la Juventud sea vivida como un nuevo cenáculo, del que todos nosotros, inflamados por el fuego y por el amor del Espíritu Santo, salgamos para anunciar al Señor resucitado y atraer a todos los corazones hacia él!

CONFESIÓN

¡DEJAOS RECONCILIAR CON DIOS!

2 Cor 5,17-6,2; Lc 4,16-21

«Hoy se ha cumplido este pasaje de la Escritura que acabáis de escuchar» (Lc 4,21). Esta frase del Evangelio es también válida para nosotros en esta hora. En el Año Santo de 1983 recordamos que nuestro Señor Jesucristo fue crucificado y resucitó hace 1950 años. Pero no recordamos con ello un acontecimiento pasado. El Año Santo no es uno de los jubileos habituales, en los que se echa la vista atrás hacia eso que alguna vez fue. En el Año Santo rige: «Hoy se ha cumplido este pasaje de la Escritura». La salvación no es pasado, es el ahora de Dios para nosotros, como también escuchamos en la lectura: «En el momento favorable te atendí / y en día saludable te presté ayuda» (2 Cor 6,2). Este tiempo santo nos dice: estamos redimidos. Lo que Cristo ha hecho es presente y crea futuro. La redención es realidad;

fundamenta nuestra confianza en entrar con él en lo que ha de venir. Estar redimido significa: somos aceptados, somos amados. Las fuerzas de lo bueno son —contra toda apariencia— más fuertes que los todavía grandes poderes del mal. Por eso es bueno ser un ser humano. Por eso podemos estar felices de vivir. Por eso nos es posible seguir dándole las gracias a Dios también hoy y mañana de que exista el mundo, de que existan seres humanos, de que se nos permita vivir. La redención no es por supuesto algo que, en cierto modo, se nos imponga desde fuera. Nos quiere a nosotros mismos. Por eso abre un camino, nos lleva consigo en su camino. El Año Santo no solo quiere hacernos visible todo esto, sino convertirlo en una realidad viva en nosotros mismos.

El Año Santo nos traduce el hoy de Dios, del que hemos partido, y su invitación al camino de los redimidos en tres signos: en el signo de la peregrinación, en el signo de la Puerta Santa y en el signo de la indulgencia. Me gustaría intentar decir muy brevemente algo sobre estos tres signos, en los que se quiere representar de un modo sensorial una verdad del «Estamos redimidos».

Primero está la peregrinación. La peregrinación es uno de los gestos ancestrales de la humanidad, hasta donde podemos mirar atrás en la historia. El ser humano se pone una y otra vez en camino. Busca lo que es más grande. También en su hogar se da cuenta de que todavía no está del todo en casa, todavía necesita de un camino para volver realmente a sí mismo y para llegar a Dios, que es el único con el que está verdaderamente consigo mismo. Puesto que en el gesto ancestral de buscar y de estar en camino se halla una verdad tan profunda, por eso Israel ha recibido en la ley revelada de Dios, de nuevo y en una nueva interpretación, el mandato de la peregrinación como voluntad suya. A las puertas de la tierra prometida, después de cuarenta años de éxodo por el desierto, se le dijo: también en casa debéis seguir siendo un pueblo de caminantes. Tres veces al año debéis ir a Jerusalén, siempre, en cierto modo, en camino desde la vida cotidiana hacia otra cosa, hacia la comunidad con Dios y de unos con otros, y desde eso que es más grande regresar de nuevo al día a día. Debéis seguir siendo caminantes, personas en camino, que saben que todavía siguen buscando la ciudad definitiva. Un peregrinar semejante tenía en Israel también el sentido de llevar una y otra vez a este pueblo diseminado a ser uno, hacerles experimentar la fraternidad de las doce tribus de Israel. Así, debería hacerse uno desde la unidad del único Dios, que es el único que puede establecer finalmente la unidad y la reconciliación entre los seres humanos.

Se puede así constatar en Israel un sentido múltiple de la peregrinación: lo que importa es la unidad del pueblo para representar de un modo visible la unidad del único Dios. Lo que importa es seguir estando en camino, no olvidar el carácter provisional de todas nuestras cosas. Nada de esto se ha dejado tampoco atrás en el cristianismo. Por eso la peregrinación también forma parte desde los primeros tiempos de las formas en las que se expresa la fe cristiana. Tampoco pudo apagarse el anhelo ancestral del ser humano por salir algunas veces de lo acostumbrado de la vida cotidiana, de tomar distancia, de ser libre. Este mismo impulso sigue actuando en el tardío «hermano profano» de la peregrinación, el turismo. Puesto que perdura, estas corrientes de caminantes siguen rodando incesantemente a través del continente. El ser humano siente que no está del todo en casa. Pero la peregrinación debe ser algo más que turismo. Debe realizar mejor lo que este pretende, con más cuidado, con más pureza. Esto implica por un lado una mayor sencillez, por otro una mayor determinación. La peregrinación implica la sencillez que acepta el ser peregrino. Pues si quisiéramos tener en todas partes solo el mismo consumo y el mismo estilo de vida, entonces podemos dar vueltas por el mundo tan lejos como queramos: siempre permaneceremos con nosotros. Solo podemos experimentar realmente «otra cosa» cuando nosotros mismos somos de otra manera y vivimos de otra manera; cuando en la sencillez de la fe llegamos a ser desde dentro peregrinos. Esto implica la determinación interna de la fe. En la peregrinación lo que importa no es una atracción turística o experiencia cualquiera que no nos conduce fuera de nosotros mismos, hacia algo realmente nuevo. La meta de la peregrinación no es en última instancia una atracción turística, sino la salida hacia el Dios vivo. Lo intentamos yendo a ver los lugares de la historia de la salvación. Recorrer su camino interno y externo no en la dirección de lo que uno quiere. Peregrinamos en cierto modo adentrándonos en la geografía de la historia de Dios, allí donde él mismo ha erigido sus señales de camino. Nos dirigimos hacia aquello que se nos ha indicado y no hacia aquello que nosotros mismos buscamos. Entrando en su historia y volviéndonos hacia los signos que la Iglesia nos coloca desde el poder de su fe, caminamos también unos hacia los otros. Convirtiéndonos en peregrinos podemos acoger mejor *eso* que busca el turismo: lo otro, la distancia, la libertad y el encuentro más profundo.

El segundo signo del que me gustaría hablar es la Puerta Santa. También este es un signo grabado profundamente en la humanidad. Todos nosotros buscamos por así decirlo la puerta que nos conduzca al exterior, la puerta a través de la cual saldremos por fin a la libertad. Y buscamos al mismo tiempo la puerta que nos conduzca a un lugar protegido. Buscamos llegar allí donde la libertad y la sensación de protección se encuentran una junto a la otra. En lo más profundo buscamos el paraíso perdido, que está inscrito en cierto modo como recuerdo ancestral en cada corazón humano. Ciertamente, la puerta del Año Santo no simboliza de un modo inmediato la puerta del paraíso, sino que es recuerdo de esa puerta que hemos cruzado en la mañana de nuestra vida: de la puerta del santo bautismo. Cuando esta mañana hemos entrado en la iglesia cruzando la puerta santa, esto debía ser una invitación a cruzar realmente la puerta del estar bautizado, la puerta no solo a la iglesia construida con piedras, sino a la iglesia viva. La cruzamos en el creer compartido, en el vivir compartido, en el llevar y sobrellevar compartido de la Iglesia. La puerta del bautismo se llama en nuestra vida sobre todo puerta de la penitencia. Debemos, para convertirnos verdaderamente en bautizados, humillarnos por así decirlo una y otra vez para pasar a través de esta puerta de la penitencia. Qué tranquilizador es cuando sabemos de una persona que trabaja en sí misma, que sabe de sus fallos e intenta luego corregirse. Busca lo erróneo no solo en mí, sino en sí misma, y mañana tendré con ella un nuevo comienzo.

Qué horrible es, en cambio, cuando una persona ya no sabe que tiene fallos. La puerta de la penitencia significa para nosotros que nos dejamos abrir los ojos, que se quiebra la autocomplacencia, que aprendemos a humillarnos y que nos convertimos así en personas nuevas, redimidas. De la puerta del paraíso se dice que está custodiada por la espada llameante (Gen 3,24). Penitencia significa que en la gracia del perdón podemos atravesar la llama sin quemarnos. Tenemos, sin embargo, que arder, porque es mucho lo que en nosotros tiene que transmutarse ardiendo. Echando un vistazo al signo de la puerta, damos finalmente con la palabra de Jesucristo: «Yo soy la puerta» (Jn 10,9). Cuando vamos con él, cuando lo conocemos, pasamos a través de la puerta hacia el exterior, entonces no necesitamos tampoco temer la última puerta oscura a la que llegará nuestra vida.

El tercer signo, la indulgencia, resume de hecho todo esto, pues es, por su naturaleza, invitación a la peregrinación, invitación al sacramento e invitación a la oración. Nos invita a ir a los lugares designados por la Iglesia para salir de la banalidad, de la voluntad propia, a reunirse con Dios, al espacio de su perdón. Nos invita a ir al sacramento, porque nadie puede absolverse a sí mismo. Hoy en día hay mucho psicoanálisis y psicoterapia, que pueden ayudar de muchas maneras. El anhelo más profundo en él no puede, sin embargo, satisfacerlo: el anhelo de absolución. Solo un poder que venga de algo más grande puede concederla. Somos personas redimidas. Esto significa precisamente también: existe la palabra poderosa de la absolución, del perdón. Hacia allí y hacia el sacramento de la comunión con el Señor y con toda la Iglesia nos invita la indulgencia. Y le añade a esto algo más: si se te da la absolución, ¡entonces acepta la nueva tonalidad de la vida, entonces déjate realmente cambiar la afinación al nuevo ritmo de Dios! El primer signo de este nuevo afinamiento de nuestro ser es la oración, pues la nueva vida significa, sobre todas las cosas, dedicación a Dios. Las oraciones de la indulgencia son, en primer lugar, expresión de haberse dado la vuelta, de la nueva dirección de nuestro ser. Lo singular en esto es que en cierto modo entregamos la oración desde nuestras manos, nos dejamos, por así decirlo, expropiar.

«Orar según la intención del Santo Padre» significa que ponemos esta oración nuestra en las manos de la Iglesia. Cuando hacemos esto, sabemos que, a la inversa, toda la oración de la Iglesia nos escucha. En este orar entrando en la oración de toda la Iglesia nos abrimos al exceso de lo bueno que está presente en el mundo, mientras que la mayoría de las veces percibimos en un primer momento solo un exceso de miseria, de culpa, de mal. Al orar entrando en esta Iglesia hacemos venir este exceso, que él también cubra nuestra debilidad. Esto nos da el valor de poner allí también nuestro miserable bien, para que esté en las manos de Dios y surta efecto en este mundo según su voluntad.

«Hoy es el día de la salvación», acabamos de escuchar. Y hemos oído la llamada del apóstol: «En nombre de Cristo os lo pedimos: dejaos reconciliar con Dios» (2 Cor 5,20). Estas son las palabras que la Iglesia nos quiere prometer en estos días: «¡Reconciliaos con Dios!». Aceptemos esta llamada. Aceptemos el hoy de Dios y pidamos que nuestro tiempo no pase por alto el hoy de Dios, que se deje reconciliar y que de la gran fuerza de la reconciliación de Dios venga también a los seres humanos esa reconciliación que todos esperamos.

NOS DEVUELVE LA DIGNIDAD
DE SUS HIJOS

Jos 5,9a.10-12; 2 Cor 5,17-21; Lc 15,1-3.11-32

¡Queridos hermanos y hermanas, queridos muchachos y muchachas!

He venido gustoso a visitaros, y el momento más importante de nuestro encuentro es la santa misa, en la que se renueva el don del amor de Dios: ese amor que nos consuela y da paz, especialmente en los momentos difíciles de la vida. En esta atmósfera llena de oración me gustaría saludaros a cada uno de vosotros.

En la celebración de la eucaristía el mismo Cristo se hace presente entre nosotros; aún más: viene —en la liturgia de la palabra— a iluminarnos con su enseñanza y a alimentarnos —en la celebración eucarística y en la comunión— con su cuerpo y su sangre. Viene, por lo tanto, a enseñarnos a amar, viene a hacernos capaces de amar y con ello de vivir. Pero, quizá diréis vosotros, ¡qué difícil es amar de verdad, vivir bien! ¿Cuál es el secreto del amor, el secreto de la vida? Volvamos al evangelio. En este evangelio aparecen tres personas: el padre y los dos hijos. Pero detrás de estas personas se muestran dos proyectos de vida muy distintos. Los dos hijos viven en paz, son agricultores pudientes, tienen por eso suficiente para vivir, sus productos se venden bien, su vida parece ser buena.

Sin embargo, con el tiempo el hijo más joven encuentra esta vida aburrida, poco satisfactoria: no puede —piensa— estar así toda la vida: levantarse cada día, probablemente a las seis de la mañana, después, como exige la tradición de Israel, decir una oración, una lectura de la Biblia, ir después al trabajo y al final del día otra vez una oración. Así es día tras día. Piensa: «No, la vida es algo más, debo encontrar otra vida en la que sea realmente libre, en la que pueda hacer lo que me guste; una vida libre de esta disciplina y de estas reglas de los mandamientos de Dios, de las órdenes de mi padre; me gustaría, estando solo, ser yo mismo, y tener toda la vida con todas sus bellezas enteramente para mí. Ahora, por el contrario, la vida es solo trabajo». Y así, decide reunir todo su patrimonio y partir. El padre es muy respetuoso y generoso, y respeta la libertad del hijo: él debe encontrar por sí mismo su proyecto de vida. Y el hijo emigra a un país lejano, como se dice en el evangelio. Probablemente lejano desde un punto de vista geográfico, porque busca un cambio, pero también lejano interiormente, porque quiere tener una vida totalmente distinta. Ahora su idea es: libertad, hacer lo que quiera hacer, no reconocer estos mandamientos de un Dios lejano, no vivir en la prisión de esta disciplina doméstica, hacer lo que es hermoso, lo que le gusta, poseer la vida en toda su belleza y plenitud.

Y en un primer momento —podemos quizá suponer que por algunos meses— todo transcurre sin problemas: encuentra hermoso haber alcanzado por fin la vida, se siente feliz. Pero después, con el tiempo, experimenta también allí el aburrimiento, también allí es siempre lo mismo. Y al final se hace notar un vacío cada vez más inquietante, crece cada vez con más fuerza el sentimiento de que eso no es todavía la vida; sí, cuanto más tiempo dure toda esta situación, más se alejará la vida. Todo se vuelve vacío: también ahora vuelve a aparecer la esclavitud de tener que hacer siempre las mismas cosas. Y al final también el dinero se acaba, y el joven descubre que su nivel de vida está por debajo del de los cerdos.

Comienza entonces a reflexionar y se pregunta si ese era realmente el camino de la vida: una libertad que interpretó en el sentido de hacer lo que quisiese, y vivir la vida solo para sí mismo; o si, en cambio, la vida quizá no consistiría más bien en vivir para los demás, en construir el mundo y contribuir al progreso de la comunidad humana... Así comienza para él el nuevo camino, un camino interior. El joven reflexiona y considera todos estos nuevos aspectos del problema, y comienza a ver que era mucho más libre en casa, puesto que era también propietario, contribuía a construir la casa y la sociedad en comunión con el Creador, conocía la finalidad de su vida e intuía el plan que Dios tenía para él.

En este camino interno, en este ir madurando un nuevo plan de vida, el joven experimenta también el camino exterior y se pone en marcha para regresar, para comenzar de nuevo con su vida, pues ahora ha comprendido que con el camino que había tomado estaba en la senda equivocada. Se dijo: «Debo empezar de nuevo, con un planteamiento distinto, debo comenzar de nuevo».

Vuelve a la casa de su padre, que había respetado su libertad para darle la oportunidad de entender interiormente lo que significa vivir y no vivir. El padre lo abraza con todo su amor y hace preparar una fiesta para él; con esta fiesta puede comenzar su vida de nuevo. El hijo comprende que es justamente el trabajo, la humildad, la disciplina de cada día lo que engendra la auténtica fiesta y la auténtica libertad. Así, regresa a casa interiormente maduro y purificado: ha entendido lo que significa vivir.

Seguramente tampoco en el futuro su vida será fácil, las tentaciones volverán a asomar, pero ahora es plenamente consciente de que una vida sin Dios no funciona: sin Dios falta lo esencial, falta la luz, falta el fundamento, falta el gran sentido de la condición humana. Ha entendido que solo podemos reconocer a Dios por su palabra. Como cristianos podemos añadir que sabemos por Jesús quién es Dios, pues en Jesús se nos ha mostrado realmente el rostro de Dios. El joven reconoce que los mandamientos de Dios no presentan obstáculos para la libertad y para una vida bella, sino que indican el camino que hay que recorrer para encontrar la vida. Se da cuenta de que también el trabajo, la disciplina, la implicación no a favor de sí mismo sino de los otros hace que la vida se vuelva más rica. Y justamente este esfuerzo de implicarse en el trabajo le otorga profundidad a la vida, porque se experimenta la satisfacción de haber contribuido al progreso de este mundo, que se vuelve más libre y más hermoso.

No quisiera hablar ahora del otro hijo, que permaneció en casa. Pero en su reacción de envidia descubrimos que también él soñaba en su interior que quizá sería mejor tomarse todas las libertades. También él debe «regresar a casa» interiormente y comprender de nuevo lo que es la vida, que solo se vive realmente con Dios, con su palabra, en la comunidad de la propia familia y del trabajo, en la comunidad de la gran familia de Dios. No quisiera entrar ahora en estos detalles. Dejemos que cada uno de nosotros se aplique a sí mismo este evangelio a su modo. Nuestras situaciones son distintas, y cada uno tiene su mundo. Esto no quita que a todos nosotros nos toque, y que todos podamos adentrarnos a través de nuestro camino interior en la profundidad del evangelio.

Solo un par de breves comentarios más. El evangelio nos ayuda a entender quién es realmente Dios: es el Padre misericordioso que en Jesús nos ama sin medida. Las faltas que cometemos, aunque sean faltas graves, no afectan a la fidelidad de su amor. En el sacramento de la penitencia podemos, una y otra vez, recomenzar de nuevo con nuestra vida: él nos acepta, nos devuelve la dignidad de hijos suyos. Redescubramos este sacramento del perdón que hace brotar la alegría en un corazón que ha renacido a la vida verdadera.

Además, esta parábola nos ayuda a comprender quién es el ser humano: no es una «mónada», un ente aislado que vive solo para sí y solo deba tener la vida para sí mismo. Al contrario, vivimos con otros, hemos sido creados junto con otros, y solo estando con los otros podemos entregarnos a los otros, encontramos la vida. El ser humano es una criatura en la que Dios ha imprimido su imagen, una criatura que es atraída al horizonte de su gracia; pero es también una criatura frágil y expuesta al mal; es, sin embargo, capaz también del bien. Y, por último, el ser humano es una persona libre. Debemos comprender qué es la libertad y qué es simplemente la apariencia de libertad. La libertad, podríamos decir, es un trampolín para saltar al mar infinito de la bondad divina; pero puede convertirse también en un plano inclinado por el que resbalamos hacia el abismo del pecado y del mal, perdiendo con ello también la libertad y nuestra dignidad.

Queridos amigos, nos encontramos en la cuaresma, en los cuarenta días que preceden a la Pascua. En este tiempo de cuaresma la Iglesia nos ayuda a seguir este camino interior, y nos invita a la conversión, que no es en primer término un esfuerzo —algo ciertamente siempre importante para cambiar nuestra conducta—, sino más bien una ocasión para decidirnos a ponernos en marcha y comenzar de nuevo, es decir, renunciar al pecado y optar por regresar a Dios. Recorramos, este es el mandamiento de la cuaresma, recorramos juntos este camino de liberación interior. Cada vez que, como hoy, participemos en la eucaristía, fuente y escuela del amor, nos hacemos capaces de vivir este amor, de anunciarlo y testimoniarlo con nuestra vida.

Es necesario, sin embargo, que nos decidamos a ir a Jesús, como hizo el hijo pródigo cuando, interior y exteriormente, regresó al padre. Al mismo tiempo, es necesario que renunciemos a la postura egoísta del hijo mayor, seguro de sí mismo, que juzga con ligereza a los otros, cierra su corazón a la comprensión, a la aceptación y al perdón de los hermanos, y olvida que también él necesita del perdón.

Que obtengamos estos dones por mediación de la Virgen María y de san José, mi santo patrón, cuya fiesta celebramos mañana, y al que ahora invoco de un modo especial por cada uno de vosotros y por vuestros seres queridos.

EUCARISTÍA

EN LA ORACIÓN TIENE LUGAR
LA TRANSFORMACIÓN

Ex 12,1-8.11-14; 1 Cor 11,23-26; Jn 13,1-15

¡Queridos hermanos y hermanas! *Qui, pridie quam pro nostra omniumque salute pateretur, hoc est hodie, accepit panem*: así diremos hoy en la plegaria eucarística de la santa misa. *Hoc est hodie*: la liturgia del Jueves Santo incluye en el texto de la plegaria el «hoy», subrayando con ello la especial dignidad de este día.

Ha sido «hoy» cuando él ha hecho esto, se nos ha dado para siempre a sí mismo en el sacramento de su cuerpo y sangre. Este «hoy» es, en primer lugar, un recuerdo de la Pascua de entonces. Pero es algo más. Con la plegaria eucarística nos adentramos en este hoy. Nuestro hoy se toca con su hoy. Él la hace ahora. Con esta palabra «hoy» la liturgia de la Iglesia quiere llevarnos a que reparemos, con gran atención interior, en el misterio de este día, en las palabras en las que se expresa. Tratemos pues de escuchar de nuevo el relato de la institución, tal y como la Iglesia lo ha formulado a partir de la Escritura y mirando hacia el mismo Señor.

Lo primero que nos sorprenderá es que el relato de la institución no es una frase independiente, sino que empieza con un pronombre relativo: *qui pridie*. Este *qui* enlaza todo el relato con las palabras precedentes de la plegaria: «De manera que sea para nosotros cuerpo y sangre de tu Hijo amado, Jesucristo, nuestro Señor». El relato está así unido a la oración precedente, a toda la plegaria eucarística, y él mismo se convierte en oración. No es en modo alguno simplemente un relato que se ha intercalado aquí, y tampoco son unas palabras de autoridad sueltas que interrumpirían quizá la oración. Es oración. Y solo en el orar se consuma el acto sacerdotal de la transformación, de la transustanciación de nuestros dones del pan y el vino en el cuerpo y la sangre de Cristo. Orando, la Iglesia está en este instante central totalmente en consonancia con el acontecimiento del cenáculo, pues el actuar de Jesús se describe con las palabras: *Gratias agens benedixit*: dando gracias bendijo. Con esto la liturgia romana ha separado en dos palabras lo que en hebreo es una, *berakha*, y que en griego en cambio aparece también en las dos palabras *eucha-ristia* y *eulogia*. El Señor da las gracias. En el dar las gracias reconocemos que algo es un don que procede de otro. El Señor da las gracias y restituye de este modo el pan, «fruto de la tierra y del trabajo del hombre», a Dios, para recibirlo nuevamente de él. Dar las gracias se convierte en bendecir. Lo que ha sido puesto en las manos de Dios, vuelve de él bendecido, transformado. La liturgia romana tiene pues razón cuando en este momento sagrado glosa nuestro orar con estas palabras: «Te ofrecemos [estos dones]», «te suplicamos», «te pedimos que aceptes estos dones», «bendícelos». Todo esto se oculta en la palabra *eucharistia*.

En el relato de la institución del canon romano hay una peculiaridad más, sobre la que en este instante queremos meditar. La Iglesia orante mira hacia las manos y hacia los ojos del Señor. Quiere en cierto modo contemplar, percibir los gestos de su orar y su actuar en ese instante único, en cierto modo encontrar también la figura de Jesús a través de los sentidos. «Tomó pan en sus santas y venerables manos…». Miramos hacia las manos con las que sanó a seres humanos; hacia las manos con las que bendijo a niños; hacia las manos que impuso sobre seres humanos; y hacia las manos que fueron clavadas en la cruz y que llevarán para siempre las llagas como signo de su amor dispuesto a morir. Tenemos ahora el encargo de hacer lo que él hizo: coger el pan en las manos para que sea transformado por medio de la oración eucarística. En la ordenación sacerdotal nuestras manos fueron ungidas para que fuesen manos de bendición. ¡Pidámosle en este instante al Señor que nuestras manos sirvan cada vez más para salvar, para bendecir, para hacer presente su bondad!

De la introducción a la oración sacerdotal de Jesús (cf. Jn 17,1), el canon toma las palabras: «Elevando los ojos, hacia ti, Dios, Padre suyo todopoderoso». El Señor nos enseña a elevar los ojos y sobre todo el corazón. A levantar la mirada, apartándola de las cosas de este mundo, y en la oración a orientarnos hacia Dios y ponernos en pie. En un himno de la Liturgia de las Horas le pedimos al Señor que proteja nuestros ojos para que no admitan ni dejen entrar en nosotros *vanitates*: lo vano, lo insignificante, la mera apariencia. Pedimos que a través de los ojos no entre en nosotros el mal, y falsee y ensucie nuestro ser desde dentro. Pero vamos a pedir sobre todo que tengamos ojos para todo lo verdadero, luminoso, bueno; que logremos ver la presencia de Dios en el mundo. Que miremos en el mundo con ojos de amor, con los ojos de Jesús, reconociendo así a los hermanos y hermanas que necesitan de nosotros, que esperan nuestra palabra y nuestra acción.

Después Jesús parte el pan mientras bendice, y lo reparte entre sus discípulos. La fracción del pan es el gesto del padre de familia, que se preocupa de los suyos y les da lo que necesitan para vivir. Pero es también el gesto de la hospitalidad, con el que el forastero, el huésped, es acogido en la familia, se le permite participar en su vida. Partir-repartir es uno. A través del compartir se crea comunión. En el pan fraccionado el Señor se reparte a sí mismo. El gesto de romper alude también de un modo misterioso a su muerte, al amor hasta la muerte. Él se reparte, el verdadero «pan para la vida del mundo» (cf. Jn 6,51). Pues el alimento que el ser humano necesita en lo más hondo es la comunión con el mismo Dios. Al agradecer y bendecir, Jesús transforma el pan, ya no da pan terrenal, sino la comunión consigo mismo. Pero esta transformación quiere ser el comienzo de la transformación del mundo. Que este se convierta en un mundo de resurrección, mundo de Dios. Sí, de lo que se trata es de la transformación. Del nuevo ser humano y del nuevo mundo que despunta en el pan consagrado, transformado, transustanciado.

Habíamos dicho que la fracción del pan es un gesto de comunión, de la unión a través del compartir. Así, en el mismo gesto está ya insinuada la naturaleza interna de la eucaristía: es *agape*, es amor hecho carne. En la palabra *agape* los significados de eucaristía y amor se transforman el uno en el otro. En la fracción del pan de Jesús, el amor que se reparte ha alcanzado su radicalidad última: Jesús se deja romper como pan vivo. En el pan repartido reconocemos el misterio del grano de trigo, que muere dando así fruto. Reconocemos la nueva multiplicación de los panes, que tiene su origen en la muerte del grano de trigo y se extiende hasta el fin del mundo. Al mismo tiempo, vemos que la eucaristía no puede ser una simple acción litúrgica. Solo es completa si el *agape* litúrgico se convierte en amor en el día a día. En el culto cristiano las dos cosas son una: el recibir el regalo del Señor en el acto del culto divino, y el culto divino del amor hacia el prójimo. En esta hora le pedimos al Señor que aprendamos a vivir cada vez más todo el misterio de la eucaristía, y que así comience la transformación del mundo.

Después del pan, Jesús toma el cáliz con vino. El canon romano designa el cáliz que el Señor ofrece a los discípulos como *praeclarus calix* (como «cáliz glorioso»), aludiendo así al salmo 23, el salmo de Dios, el pastor poderoso y bueno. Allí se dice: «Enfrente al opresor, me aderezas tú un banquete; [...] y mi copa rebosa»; *calix praeclarus*. El canon romano entiende estas palabras del salmo como una profecía que se cumple en la eucaristía: sí, el Señor nos prepara la mesa en medio de las amenazas de este mundo, y nos da el cáliz glorioso; el cáliz de la gran alegría, de la fiesta verdadera que todos nosotros anhelamos, el cáliz lleno del vino de su amor. El cáliz significa boda: ha llegado la hora a la que la boda de Caná había aludido de modo misterioso. Sí, la eucaristía es más que un banquete, es una boda. Y esta boda se funda en la autodonación de Dios hasta la muerte. En las palabras de Jesús en la última Cena y en la plegaria eucarística de la Iglesia el misterio solemne de la boda se esconde tras el término *novum testamentum*. Este cáliz es el nuevo testamento, «la nueva alianza con mi sangre», así reproduce Pablo en la segunda lectura las palabras de Jesús sobre el cáliz (1 Cor 11,25). El canon romano añade «de la alianza nueva y eterna», para expresar la indisolubilidad de esta unión nupcial de Dios con la humanidad. Que las antiguas traducciones de la Biblia no hablasen de alianza, sino de testamento, se debe a que ahí no se encuentran dos partes en igualdad de condiciones, sino que impera la distancia infinita entre Dios y ser humano. Lo que llamamos nueva y antigua alianza no es un acto de asociación entre dos partes iguales, sino puro don de Dios, que nos lega su amor, a sí mismo. Ciertamente, a través de este don de su amor nos convierte, superando cualquier distancia, realmente en compañeros, se consuma el misterio nupcial del amor.

Para entender lo que en el fondo sucede, tenemos que escuchar mejor las palabras de la Biblia y su significado original. Los estudiosos nos dicen que «establecer una alianza» en los tiempos antiguos de los que hablan las historias de los patriarcas de Israel tiene el significado de «entrar con otros en un vínculo fundado en la sangre, o sea, acoger a alguien en la propia federación y entrar así en una comunión de derechos recíprocos». De este modo se crea una relación de consanguinidad real, aunque no material. Las partes se convierten en «hermanos de la misma carne y sangre». La alianza da lugar a una totalidad que es paz (cf. *ThWNT*, II, 105-137). ¿Intuimos lo que sucedió en la hora de la última Cena y que desde entonces se consuma cada vez que celebramos la eucaristía? Dios, el Dios vivo, entra con nosotros en una comunión de paz, aún más, crea una «relación de consanguinidad» entre él y nosotros. Por la encarnación de Jesús, por su sangre derramada hemos sido introducidos en una relación de consanguinidad totalmente real con Jesús y, así, con el mismo Dios. La sangre de Jesús es su amor, en el que la vida divina y la humana se han convertido en una. Pidámosle al Señor que entendamos cada vez más la grandeza de este misterio. Que despliegue en nuestro interior su fuerza transformadora, para que lleguemos a ser en verdad parientes consanguíneos de Jesús, atravesados de su paz y perteneciéndonos mutuamente.

Pero ahora surge una vez más una pregunta. En el cenáculo Cristo entrega a los discípulos su cuerpo y su sangre, es decir, a sí mismo en la totalidad de su persona. Pero ¿puede hacer esto? ¡Todavía está físicamente entre ellos, frente a ellos! He aquí la respuesta: en ese momento, Jesús hace lo que había anunciado en su sermón sobre el buen pastor: «Nadie me quita la vida; sino que yo por mí mismo la doy; tengo poder para darla y tengo poder para recobrarla» (Jn 10,18). Nadie le puede arrebatar su vida: la entrega él mismo. En este momento anticipa la crucifixión y la resurrección. Lo que allí, por así decirlo, le sucederá físicamente, se consuma por anticipado en la libertad de su amor. Entrega su vida, y la recupera en la resurrección para poder repartirla por siempre.

Señor, hoy nos das tu vida, te nos das a ti mismo. Atraviésanos con tu amor. Permítenos vivir en tu hoy. Haznos instrumentos de tu paz.

EN EL PAN Y EL VINO
SE DA TOTALMENTE

Ex 24,3-8, Heb 9,11-15; Mc 14,12-16.22-26

¡Queridos hermanos y hermanas!
Durante la cena pascual en la víspera de
su Pasión, el Señor tomó el pan en las manos —así
lo acabamos de escuchar en el evangelio— y, después de pronunciar la alabanza, lo partió, se los pasó
y dijo: «Tomad, este es mi cuerpo». Después tomó
el cáliz, pronunció la acción de gracias y lo dio a
los discípulos, y todos bebieron de él. Y les dijo:
«Esto es mi sangre de la alianza, que va a ser derramada por todos» (Mc 14,22-24). En estas palabras
está resumida toda la historia de Dios con los seres
humanos. En ellas no solo se incluye e interpreta
el pasado, también está anticipado el futuro, la venida del reino de Dios al mundo. Lo que dice Jesús
no son meras palabras. Lo que dice es un acontecimiento, el acontecimiento central de la historia del
mundo y de nuestra vida.

Estas palabras son inagotables. Quisiera en este momento reflexionar con vosotros sobre un único aspecto. Jesús escogió el pan y el vino como signo de su presencia. Con estos dos signos se nos da totalmente, no solo una parte de sí mismo. El resucitado no está dividido. Es una persona que a través de los signos se acerca y se une a nosotros. Pero cada uno de estos signos representa a su modo un aspecto particular de su misterio, y a través de su apariencia particular quieren hablarnos para que aprendamos a comprender un poco más del misterio de Jesucristo. Durante la procesión y la adoración contemplamos la hostia consagrada: la clase más simple de pan y alimento, que consiste solo en algo de harina y agua. Así, aparece como la comida de los pobres, a los que el Señor ha destinado en primer lugar su cercanía. La oración con la que la Iglesia ofrece este pan al Señor durante la liturgia de la misa, lo describe como «fruto de la tierra y del trabajo del hombre». En él está contenido el esfuerzo humano, el trabajo diario de quien labra el terreno, quien siembra y cosecha, y finalmente prepara el pan. No obstante, el pan no es única y exclusivamente un producto nuestro, algo hecho por nosotros; es fruto de la tierra y, con ello, también regalo.

Pues el hecho de que la tierra dé fruto, no es mérito nuestro; únicamente el creador pudo concederle la fertilidad. Y ahora podemos ampliar esta oración de la Iglesia un poco más, y decir: el pan es fruto de la tierra y al mismo tiempo fruto del cielo. Presupone la interacción de las fuerzas de la tierra y de los dones de lo alto, es decir, del sol y de la lluvia. Y tampoco el agua, que necesitamos para preparar el pan, podemos producirla nosotros mismos. En una época en la que se habla del avance de la desertización y se llama una y otra vez la atención sobre el peligro de que en esas regiones sin agua tanto personas como animales mueran de sed, en una época semejante tomamos también nuevamente conciencia de la grandeza del regalo del agua y a la vez de nuestra incapacidad de conseguirla por nosotros mismos. Si ahora observamos más de cerca este pequeño trozo de hostia blanca, este pan de los pobres, se nos aparece como una colaboración de la creación. Cooperan el cielo y la tierra, así como la actividad y el espíritu del ser humano. La cooperación de las fuerzas que hacen posible en nuestro pobre planeta el misterio de la vida y la existencia del ser humano sale a nuestro encuentro en toda su maravillosa grandeza. Empezamos a entender por qué el Señor escoge este trozo de pan como su signo. La creación con todos sus dones aspira, más allá de sí misma, a algo aún más grande. Más allá de la cooperación de sus propias fuerzas, más allá también de la cooperación de naturaleza y espíritu que en cierto modo percibimos en el trozo de pan, la creación está orientada hacia la divinización, hacia la boda sagrada, hacia la unión con el mismo Creador.

Pero aún no hemos explicado del todo el mensaje de este signo del pan. A su misterio más profundo aludió el Señor el Domingo de Ramos, cuando le presentaron el deseo de unos griegos de encontrarse con él. En su respuesta a esta petición encontramos la frase: «De verdad os lo aseguro: si el grano de trigo que cae en la tierra no muere queda él solo; pero, si muere, produce mucho fruto» (Jn 12,24). En el pan preparado con granos molidos se esconde el misterio de la pasión. La harina, el trigo molido, supone la muerte y resurrección del grano de trigo. Al molerse y cocerse, lleva una vez más en sí el misterio de la pasión. Solo a través de la muerte llega la resurrección, llega el fruto y la nueva vida. En los siglos anteriores a Cristo, las culturas del Mediterráneo intuyeron con profundidad este misterio. Basándose en la experiencia de este morir y resucitar desarrollaron mitos sobre divinidades que muriendo y resucitando daban nueva vida. El ciclo de la naturaleza les parecía, en medio de las tinieblas del sufrimiento y la muerte que se nos imponen, una promesa divina. En estos mitos el alma del ser humano se extendía en cierto modo hacia ese Dios que se ha hecho hombre, que se ha humillado en la cruz y ha abierto así la puerta a la vida para todos nosotros. En el pan y en su surgir los seres humanos descubrieron en cierto modo una expectativa de la naturaleza, una promesa de la naturaleza, la promesa de que tendría que existir esto: el Dios que muere y de este modo conduce a la vida. Lo que en los mitos era una expectativa y lo que estaba oculto en el grano de trigo como signo de esperanza de la creación, ha sucedido realmente en Cristo. Mediante su sufrimiento y muerte voluntarios se convirtió en pan para todos nosotros y, con ello, en esperanza viva y fiable: nos acompaña en todos nuestros sufrimientos hasta la muerte. Los caminos que recorre con nosotros y por los cuales nos conduce a la vida son caminos de esperanza.

Cuando contemplamos en adoración la hostia consagrada, el signo de la creación nos habla. Entonces nos encontramos con la grandeza de su don; pero nos encontramos también con el sufrimiento, con la cruz de Jesús y su resurrección. Mediante esta contemplación en adoración nos atrae hacia él, dentro de su misterio, a través del cual quiere transformarnos como transformó la hostia.

La Iglesia primitiva descubrió en el pan otro simbolismo más. La *Enseñanza de los doce apóstoles,* redactada alrededor del año 100, incluye en sus oraciones la afirmación: «Así como este trozo [de pan] estaba disperso por los montes y reunido se ha hecho uno, así también reúne a tu Iglesia de los confines de la tierra en tu reino» (IX, 4). El pan preparado a partir de muchos granos contiene también un acontecimiento de unión: el surgir del pan a partir de los granos de trigo molidos es también un proceso de unión. Nosotros mismos debemos convertirnos, a partir de los muchos que somos, en un único pan, un único cuerpo, nos dice san Pablo (cf. 1 Cor 10,17). Así, el signo del pan se convierte a la vez en esperanza y tarea.

De una manera muy semejante nos habla también el signo del vino. Pero mientras que el pan remite a la cotidianidad, a la sencillez y al peregrinaje, el vino pone de relieve el refinamiento de la creación: la fiesta de alegría que Dios nos quiere preparar al final de los tiempos y que ya ahora, a través de este signo, anticipa una y otra vez por alusión. Pero el vino habla también de la pasión: la vid debe podarse repetidamente, limpiándose así; la uva tiene que madurar con el sol y la lluvia, y pisarse a continuación: solo a través de esta pasión madura un valioso vino.

En la solemnidad del Corpus contemplamos sobre todo el signo del pan. Nos recuerda también el peregrinaje de Israel durante los cuarenta años en el desierto. La hostia es nuestro maná, con el que el Señor nos alimenta; es verdaderamente el pan del cielo, a través del que él se entrega a sí mismo. En la procesión seguimos este signo y así lo seguimos a él mismo. Y le pedimos: ¡Guíanos por las sendas de nuestra historia! ¡Muéstrale una y otra vez a la Iglesia y a sus pastores el camino recto! ¡Mira a la humanidad que sufre, que vaga insegura entre tantos interrogantes; mira el hambre corporal y espiritual que la atormenta! ¡Dale a los seres humanos pan para el cuerpo y el alma! ¡Dales trabajo! ¡Dales luz! ¡Dales a ti mismo!

¡Purifícanos y santifícanos! Haznos entender que solo a través de la participación en tu pasión, a través del «sí» a la cruz, a la renuncia, a la purificación que nos impones, puede madurar nuestra vida y alcanzar su verdadera plenitud. Reúnenos desde todos los confines de la tierra. ¡Une a tu Iglesia, une a la humanidad desgarrada! ¡Danos tu salvación!

UNCIÓN DE LOS ENFERMOS

VIVIR DEL GRAN AMOR DE DIOS

Ap 7,2-4.9-14; Mt 5,1-12

Imaginémonos que saliésemos a la calle y pre-
guntásemos a alguien qué personas son para él
o para ella un ejemplo, a cuáles envidia tal vez un
poco, a quién querría parecerse. Escucharíamos
probablemente los nombres de algunas celebridades
del fútbol, los nombres de estrellas del cine o de
personas del mundo del espectáculo, quizá los nombres de políticos o inventores. La vara de medir que
está detrás sería al final la misma en todos los casos:
al ser humano le infunde respeto y le parece deseable ser apreciado, tener posesiones, fuerza y salud.

En el evangelio que acabamos de escuchar, el
Señor mismo nos da una respuesta a esta pregunta,
y nos dice qué persona considera él decisiva, qué
condiciones deben en su opinión tener los seres
humanos de los que se puede decir que son «bienaventurados», que las cosas están bien en torno a

ellos, que sería deseable ser como ellos. La respuesta de Jesús es la opuesta a la que se nos daría en la calle y a la que quizá nosotros mismos daríamos. Su vara de medir la condición humana se expresa en frases como esta: «Bienaventurados los pobres en espíritu, porque de ellos es el reino de los cielos. Bienaventurados los que lloran, porque ellos serán consolados» (Mt 5,3-4). «Bienaventurados seréis cuando, por causa mía, os insulten y persigan y profieran toda clase de calumnias contra vosotros. Alegraos y regocijaos, porque vuestra recompensa es grande en los cielos (Mt 5, 11-12)».

Con esta vara de medir no se deja de lado a los que sufren, sino que están totalmente en el centro. Aun siendo esta vara de medir tan extraña al pensar natural de los seres humanos de todos los tiempos, no ha quedado sin respuesta. En la lectura hemos escuchado que hay allí una multitud innumerable, «los que vienen de la gran tribulación» (Ap 7,14) y que ha experimentado que lo que Jesús dijo es válido. Con esto Juan se está refiriendo a los santos, que en todas las generaciones y a través de todos los siglos dan la respuesta a esta vara de medir de Jesús, la trasladan a su vida, dan a estas palabras carne y sangre, y las han demostrado: estas palabras son verdaderas, la vara de medir es correcta.

La vara de medir de los santos —esto es, las bienaventuranzas del sermón de la montaña— dice así en las palabras de uno de los primeros que la siguió, de san Pablo: «Llevo sobre mi cuerpo las marcas de Jesús» (Ga 6,17). Y: «Completando en mi carne lo que falta a las tribulaciones de Cristo» (Col 1,24). Si Jesucristo es el ser humano auténticamente decisivo, si en el seguimiento nos hacemos hasta cierto punto semejantes a él, entonces debemos aceptar las heridas de Cristo. Son especialmente parecidos a Cristo aquellos que están heridos con él, que llevan en su cuerpo sus llagas, cada uno a su manera. Así se muestra que los heridos, los que sufren, se encuentran en el centro de la familia de Dios. Lo entenderemos más profundamente y experimentaremos también más profundamente el consuelo de las palabras de Jesús si lo observamos algo más de cerca en algunos ejemplos.

Quedémonos por el momento con san Pablo. Él escribe a la comunidad en Corinto:

Se me clavó un aguijón en la carne: un enviado de Satanás, para que me abofetee, a fin de que no me envanezca. Pedí al Señor tres veces que apartara de mí este aguijón. Pero él me dijo: «Te basta mi gracia; pues mi poder se manifiesta en la flaqueza». (2 Cor 12,7-9)

No sabemos qué fue esta «especie de aguijón». Hay muchas suposiciones, por ejemplo, una grave enfermedad ocular, como parece insinuar la Carta a los gálatas, o un grave reumatismo, constantes dolores de cabeza, también se ha mencionado la epilepsia.

Algo sabemos con seguridad: justamente en esta experiencia humana del sufrimiento y de la fragilidad experimentó la gracia y la fuerza de Dios, la ha hecho sonar más alto y más claro de lo que otros antes de él fueron capaces. Todavía en el calabozo escribía con las manos atadas: «Estad siempre alegres en el Señor, os lo repito, estad alegres» (Flp 4,4). Había reconocido que en ese momento estaba tan cerca del Señor herido, cuyas llagas llevaba consigo, que era justo así que Dios lo amaba de un modo especial, justo así podía conocer lo más profundo de la condición humana de un modo más puro que bajo la superficialidad del éxito externo. Y así, no solo sufrió más, también hizo más y rindió más que la muchedumbre de los sanos en su siglo, y siguió siendo un guía a través de los tiempos.

Al ascender hacia la plenitud de la Edad Media encontramos al santo que en toda la historia más se pareció a Cristo, al que se llamó la «imagen de Cristo» de la Edad Media: Francisco de Asís. Antes de recibir los estigmas, rezó a Cristo: «Concédeme aprender a amar como tú amaste». Sabía que no hay nada más grande, ningún rendimiento mayor, ningún éxito mayor, ninguna realización mayor de la condición humana que poder amar totalmente y sin reserva. Pero al profundizar en esta petición, tuvo que asustarse y reconocer que exigía una segunda petición que añadió: «Enséñame a sufrir como tú has sufrido». Pues comprendió que solo se puede amar como Cristo cuando se está también preparado para sufrir como él. Y así, se atrevió a rogar las heridas de Cristo, el «sufrir como Cristo».

Estas heridas no eran en verdad solo adornos de tipo místico; a esto se añadía de manera patente que estaba perdiendo la vista. Por las biografías de sus contemporáneos sabemos que sufrió enormemente cuando la medicina de entonces lo trató, sin anestesia, con unas tenazas ardiendo para devolverle la vista, lo que, por supuesto, no tuvo éxito.

Y sin embargo, sabemos que justamente desde esta persona que así sufrió, ascendió la gran fuerza del amor y con ello una fuerza decisiva también del ser feliz. Su «Cántico del hermano sol», la alabanza al Creador en el espejo de la creación, resuena a través de los siglos. El hombre que lo cantó no era un ecologista y un trovador soñador, como algunas veces nos lo presentan, sino alguien que había aceptado el sufrimiento, que quiso aceptarlo por Cristo, para rozar con él la profundidad de la condición humana y el corazón de Dios.

A comienzos de la Edad Moderna nos encontramos con san Ignacio de Loyola, soldado y oficial que en un principio vivió por completo en esas varas de medir de las que hemos hablado al comienzo, a saber, de las novelas de caballerías de entonces, en las cuales de lo que se trataba era de realizar grandes hazañas, conquistas, hacer botín, tener éxito con las mujeres y en la política. Un día, Ignacio es herido de gravedad y se da cuenta entonces de que todo lo que consideró como la sustancia de la vida, como su ideal y su sueño, solo era realmente un sueño, algo que se desvanece y no resiste, que no puede ser la esencia de la realidad. Tenía que buscar otra realidad, más grande. Así descubrió que hay mejores guerras para luchar que aquellas en las que se mata a otros, en las que se los hace esclavos y se les roban sus posesiones. Descubrió que existen las guerras de los santos, la campaña de Jesucristo, que no tiene como meta matar personas, sino descubrirles la vida auténtica, que no les arrebata la libertad a los seres humanos, sino que les trae la auténtica libertad, que no hace botín, sino que quiere dar, y que el que así actúa reciba él mismo vida y libertad y gracia en ella.

Podríamos continuar así y seguir mencionando muchos nombres de personas que aceptaron la vara de medir de Jesucristo, que no son existencias marginales, sino que entregaron algo grande y recibieron algo grande. Podríamos mencionar nombres hasta el presente, pues cada uno de nosotros conoce personas semejantes, que nos entregan más de lo que nosotros somos capaces de entregarles a ellas, que soportan y padecen más profundamente la condición humana, y de este modo hacen también más, rinden más y nos dan más, porque han descendido a una profundidad mayor.

En la familia de Dios no hay existencias marginales. Esto es así porque para Dios no cuentan las cosas externas y pasajeras, sino lo que permanece y lo auténtico: la verdad y el amor. Nadie puede amar sin dejarse herir. Nadie puede obrar la verdad sin recibir heridas. Nadie puede traer la paz sin exponerse a ser herido. Dios no quiere el sufrimiento de los seres humanos. Y de ningún modo lo quiere por amor al sufrimiento. Pero el sufrimiento puede ser a menudo un camino a través del cual él llegue más profundamente a una persona, y a través del cual una persona llegue a él, un camino por el que una persona semejante dé también a otros lo que ellos por sí mismos no encuentran.

«Alegraos y regocijaos, porque vuestra recompensa es grande en los cielos» (Mt 5,12), señala hoy el evangelio. Con ello se nos dice: el tiempo es lo pasajero e insignificante, la eternidad permanece. Entonces nos serán retirados todos los impedimentos y secadas todas las lágrimas, entonces serán abiertos los ojos ciegos, destapados los oídos sordos, y contemplaremos las misericordias de Dios. Este es el consuelo. Pero no es solo una anticipación de algo que llegará alguna vez. ¡La fuerza de las misericordias de Dios, la realidad del cielo está presente también ahora! Aun cuando a menudo solo se pueda reconocer atravesando mucha oscuridad: ¡el Señor ya está cerca!

Vamos a pedirle a esta santa víctima que nos haga sentir y experimentar su cercanía una y otra vez en todas las tribulaciones, y pueda hacerse así realidad lo que hemos escuchado en la lectura: que todos los que se encuentran en una gran tribulación alaben la gran gloria de Dios, y que seamos capaces de vivir desde su amor en la esperanza de la fe que él nos ha abierto.

ABANDONARSE A LA MISERICORDIA DE DIOS

Heb 5,7-9; Lc 2,33-35

¡Queridos hermanos en el episcopado y en el sacerdocio, queridos enfermos, queridos acompañantes y cuidadores, queridos hermanos y hermanas!

Ayer celebramos la cruz de Cristo, el instrumento de nuestra salvación, que nos revela en toda su plenitud la misericordia de nuestro Dios. La cruz es, en efecto, el lugar en el que la compasión de Dios por nuestro mundo se manifiesta de una manera más perfecta. Hoy, cuando celebramos la memoria de Nuestra Señora de los Dolores, contemplamos a María, que comparte la compasión de su hijo por los pecadores. La madre de Cristo entró, como explica san Bernardo, por su compasión en el sufrimiento y muerte de su hijo (cf. Bernardo de Claraval, *Sermón en el domingo dentro de la octava de la Asunción*). A los pies de la cruz se cumple la profecía de Simeón: su corazón de madre será traspasado (cf. Lc 2,35) por los tormentos infligidos al inocente, al hijo de sus entrañas. Al igual que Jesús lloró (cf. Jn 11,35), también María lloró con certeza ante el cuerpo martirizado de su hijo. Su discreción no nos permite, sin embargo, sondear el abismo de su dolor; el símbolo tradicional de las siete espadas puede reproducir solo de un modo aproximado esta profunda aflicción. Como en el caso de su hijo Jesús, puede decirse que este sufrimiento la ha conducido también a ella a la perfección (cf. Heb 2,10), para hacerla capaz de asumir la nueva misión espiritual que el Hijo le confió inmediatamente antes de «entregar su espíritu» (cf. Jn 19,30): convertirse en la madre de Cristo. En esa hora, a través de la figura del discípulo amado, Jesús presenta a María a cada uno de sus discípulos con estas palabras: «Mujer, ahí tienes a tu hijo» (cf. Jn 19,26-27).

Hoy María se halla en la alegría y en la gloria de la resurrección. Las lágrimas que derramó junto a la cruz se han convertido en una sonrisa que ya nada podrá extinguir, y no obstante, su compasión maternal hacia nosotros permanece intacta. La benéfica intervención de la Virgen María en el transcurso de la historia lo confirma, y no cesa de suscitar en el pueblo de Dios una inquebrantable confianza en ella: la oración *Memorare* («Acordaos, oh piadosísima Virgen María») expresa muy bien este sentimiento. María ama a cada uno de sus hijos, prestando una atención especial a aquellos que, como su hijo en la hora de su pasión, están afectados por el sufrimiento; los ama simplemente porque son, de acuerdo con la voluntad de Cristo en la cruz, sus hijos.

El salmista, que reconoce desde la lejanía este lazo maternal entre la madre de Cristo y el pueblo creyente, profetiza a propósito de la Virgen María: «Las tirias con presentes, y los ricos del pueblo rindiéndote homenaje» (Sal 45,13). Así, los cristianos han buscado desde siempre, por el impulso de la palabra inspirada de la Escritura, la sonrisa de Nuestra Señora, esa sonrisa que los artistas de la Edad Media supieron representar y resaltar de una manera tan maravillosa. Esta sonrisa de María es válida para todos; pero se dirige muy especialmente a los que sufren, para que en ella puedan encontrar consuelo y alivio. Buscar la sonrisa de María no es una cuestión de sentimentalismo piadoso o anticuado; es más bien la expresión justa de la relación viva y profundamente humana que nos une con aquella que Cristo nos ha dado como madre.

Desear contemplar esta sonrisa de la Virgen no significa dejarse llevar por una imaginación incontrolada. La misma Escritura nos descubre esta sonrisa en los labios de María cuando canta el *Magníficat*: «Canta *mi alma* la grandeza *del Señor*, y mi espíritu salta de gozo en Dios, mi salvador» (Lc 1, 46-47). La Virgen María nos convierte en sus testigos cuando le da las gracias al Señor. En cierto modo, María comparte anticipadamente con sus futuros hijos, esto es, con nosotros, la alegría que es consustancial a su corazón, para que se convierta también en nuestra alegría. Cada rezo del *Magníficat* nos hace testigos de su sonrisa. Aquí en Lourdes, Bernadette descubrió de una manera muy especial esta sonrisa de María durante la aparición del miércoles 3 de marzo de 1858. Esta sonrisa fue la primera respuesta que la distinguida dama le dio a la joven vidente cuando esta quiso saber quién era. Antes de que María se presentase a ella unos días más tarde como la Inmaculada Concepción, le dio a conocer primero su sonrisa, como si esto fuese la puerta de entrada más adecuada para revelar su misterio.

En la sonrisa de la criatura más excepcional que se haya dirigido a nosotros se refleja nuestra dignidad como hijos de Dios, esa dignidad que tampoco un enfermo pierde nunca. Esta sonrisa, verdadero reflejo de la ternura de Dios, es fuente de una esperanza inquebrantable. Sabemos que, por desgracia, el sufrimiento que se padece durante mucho tiempo rompe también el equilibrio más asentado de una vida, sacude los cimientos más sólidos de la confianza, e incluso algunas veces nos hace dudar del sentido y el valor de la vida. Hay luchas que el ser humano por sí solo, sin ayuda de la gracia divina, no puede superar. Cuando el decir no es capaz de encontrar ya las palabras adecuadas, es necesaria una presencia amorosa: buscamos entonces no solo la cercanía de aquellos con quienes estamos emparentados o unidos por lazos de amistad, sino también la cercanía de aquellos que nos son íntimos por el vínculo de la fe. ¿Quién nos podría resultar más cercano e íntimo que Cristo y su santa madre, la Inmaculada? Ellos son, más que nadie, capaces de entendernos y comprender la dureza de la lucha contra el mal y el sufrimiento. La Carta a los hebreos dice de Cristo que no es alguien «que no pueda compadecerse de nuestras flaquezas», sino alguien «probado en todo como nosotros, excepto en el pecado» (Heb 4,15). Quisiera decirles con toda humildad a quienes sufren y a quienes han luchado y están tentados de dar la espalda a la vida: ¡Volveos a María! En la sonrisa de la Virgen se encuentra misteriosamente escondida la fuerza para continuar la lucha contra la enfermedad y a favor de la vida. En ella se encuentra asimismo la gracia de aceptar sin miedo ni amargura la despedida de este mundo en la hora querida por Dios.

¡Cuán acertada fue la intuición de esa hermosa figura espiritual de Francia, Dom Jean-Baptiste Chautard, que en su obra *El alma de todo apostolado* proponía al cristiano fervoroso encontrarse a menudo con la Virgen María «con la mirada»! Sí, buscar la sonrisa de la Virgen María no es un piadoso deseo infantil; es, dice el salmo 45, la aspiración de «los ricos del pueblo» (45,13). «Los ricos» son en el ámbito de la fe los que poseen una mayor madurez espiritual y están por eso en condiciones de reconocer ante Dios su fragilidad y miseria. En la sonrisa, en esa manifestación tan simple de afecto, comprendemos que nuestra única riqueza es el amor que Dios nos tiene y que atraviesa el corazón de aquella que se ha convertido en nuestra madre.

Buscar esta sonrisa significa sobre todo saborear la gratuidad del amor; significa también provocar esta sonrisa esforzándonos por vivir de acuerdo con la palabra de su hijo amado, al igual que el niño intenta provocar la sonrisa de su madre haciendo lo que a ella le gusta. Y sabemos lo que le gusta a María gracias a las palabras que les dirigió a los sirvientes en Caná: «Haced lo que él os diga» (Jn 2,5).

La sonrisa de María es fuente de agua viva. «De quien cree en mí —dice Jesús— ríos de agua viva correrán de su seno» (cf. Jn 7,38). María es la que ha creído, y de su seno han manado ríos de agua viva que han de inundar la historia de los seres humanos. La fuente que María mostró a Bernadette aquí en Lourdes es el humilde signo de esta realidad espiritual. De su corazón, el corazón de una creyente y una madre, mana un agua viva que purifica y sana. ¡Cuántas personas, al sumergirse en el agua de la gruta de Lourdes, han descubierto y experimentado la dulce maternidad de la Virgen María, mientras se aferran a ella para poder aferrarse mejor al Señor! En la secuencia litúrgica de esta fiesta de la Dolorosa se honra a María con el título *Fons amoris*, «manantial de amor». Del corazón de María brota, en efecto, un amor gratuito, que suscita a su vez un amor filial que ha de seguir desarrollándose constantemente. María es, como toda madre y mejor que toda madre, educadora para el amor. Por eso llegan tantos enfermos aquí a Lourdes, para calmar su sed en este *fons amoris* y dejarse conducir hacia la única fuente de salvación, hacia su hijo, Jesús, el Salvador.

Cristo brinda su salvación a través de los sacramentos y a las personas que sufren enfermedades o padecen una discapacidad, se la brinda de una manera muy especial a través de la gracia de la unción de los enfermos. El sufrimiento es siempre algo extraño para todos. Nunca se podrá dominar su presencia. Por eso el sufrimiento resulta difícil de soportar, y aún más difícil es aceptar el sufrimiento —como han hecho algunos de los grandes testigos de la santidad de Cristo— como parte integrante de nuestra vocación, tal y como Bernadette lo formuló: «Sufrir todo en silencio para complacer a Jesús». Para poder decir esto, se tiene que haber recorrido ya un largo camino en compañía de Jesús. Es, en cambio, posible abandonarse ya a la misericordia de Dios, que se manifiesta en la gracia del sacramento de los enfermos. La misma Bernadette recibió en el transcurso de su vida, que estuvo a menudo marcada por la enfermedad, cuatro veces este sacramento. La gracia propia de este sacramento consiste en que el enfermo acoge en sí a Cristo, el médico. Pero Cristo no es un médico al estilo del mundo. Para sanarnos, no se queda fuera del sufrimiento que el enfermo padece; lo alivia haciendo de la persona afectada por la enfermedad su morada, para llevar y vivir con él su sufrimiento. La presencia de Cristo rompe el aislamiento que provoca el dolor. Ahora el ser humano ya no lleva su prueba solo, sino que, como miembro sufriente de Cristo, se hace semejante a Cristo, que se ofrenda al Padre, y en él participa en el nacimiento de una nueva creación.

Sin la ayuda del Señor el yugo de la enfermedad y del sufrimiento es terriblemente pesado. Cuando recibimos el sacramento de la unción de los enfermos, no queremos llevar otro yugo que el de Cristo, pues confiamos en la promesa que nos hizo de que su yugo es suave y su carga ligera (cf. Mt 11,30). Invito a las personas que durante esta misa recibirán la unción de los enfermos a aceptar esta esperanza.

El Concilio Vaticano II presentó a María como la figura en la que está resumido todo el misterio de la Iglesia (cf. *Lumen Gentium,* 63-65). Su historia personal anticipa el camino de la Iglesia, que está invitada a asistir, al igual que ella, a las personas que sufren. Dirijo un saludo afectuoso a los miembros del cuerpo médico y de enfermería, así como a todos los que contribuyen, en sus diferentes funciones en los hospitales y en otras instituciones, a atender a los enfermos de un modo competente y generoso. Igualmente me gustaría decirles a los encargados de la acogida y el recibimiento, a los camilleros y a los acompañantes, que, procedentes de todas las diócesis de Francia y también de aún más lejos, asisten durante todo el año a los enfermos que peregrinan a Lourdes, qué valioso es su servicio. Son los brazos de la Iglesia que sirve.

Finalmente, quiero animar a todos aquellos que en nombre de la fe acogen y visitan a enfermos, especialmente en la atención pastoral en los hospitales, en las parroquias o, como aquí, en los lugares de peregrinación. ¡Qué podáis sentir siempre en esta importante y exigente misión el apoyo efectivo y fraterno de vuestras comunidades! Y en este sentido mi saludo y mi agradecimiento se dirige especialmente a mis hermanos en el episcopado, a los obispos franceses, a los obispos de otros países y a los sacerdotes: todos ellos acompañan a los enfermos y a las personas tocadas por el sufrimiento en el mundo. Gracias por vuestro servicio al lado del Señor que sufre.

El servicio de caridad que prestáis es un servicio mariano. María os confía su sonrisa para que, en la fidelidad a su mismo hijo, os convirtáis en fuentes de agua viva. Lo que hacéis, lo realizáis en nombre de la Iglesia, cuya imagen más pura es María. ¡Qué llevéis a todos su sonrisa!

Para finalizar, quisiera sumarme a la oración de los peregrinos y de los enfermos y junto con vosotros retomar un fragmento de la oración a María propuesta para la celebración de este jubileo: «Porque eres la sonrisa de Dios, el reflejo de la luz de Cristo, la morada del Espíritu Santo; porque escogiste a Bernardita en su miseria, porque eres la estrella de la mañana, la puerta del cielo, y la primera criatura resucitada», ¡te rezamos, Nuestra Señora de Lourdes, junto con nuestros hermanos y hermanas cuyo cuerpo y cuyo corazón se encuentran doloridos!

MATRIMONIO

MADURAR EN EL AMOR

1 Cor 12, 31-13, 13; Jn 2, 1-11

Los teólogos de la Edad Media nos han ense-
ñado que el matrimonio es el sacramento más
antiguo, el primero. Dios lo instituyó la mañana de
la creación, puesto que creó al ser humano como
hombre y mujer, puesto que fueron entregados el
uno al otro como compañeros y colaboradores, en
el estar enfrente y en el estar juntos.

Lo que significa este sacramento creado con la
misma creación, se interpreta en la palabra inspirada proféticamente que la Biblia pone en boca de
Adán en el relato de la creación: «Por eso, deja el
hombre a su padre y a su madre y se une a su mujer,
y vienen a ser los dos una sola carne» (Gen 2, 24).
«Unirse»: esta es una palabra que en la Biblia se
utiliza también para la relación del ser humano con
Dios. Expresa un estar juntos en el que el individuo
sale de sí mismo, se transfiere al otro, de tal modo

que yo y tú se transforman el uno en el otro, ninguno es ya concebible separado del otro, se pertenecen tanto mutuamente, que también el futuro está entregado al otro.

Desde ahí entendemos también esta fórmula bíblica: «Se hacen una sola carne». Esto no es algo meramente biológico, sino que para la Biblia el ser humano como totalidad es indivisible, y «hacerse una carne» significa una nueva existencia juntos, en la que ciertamente yo y tú no se diluyen, pero en este «unir», en este estar juntos surge esa nueva unidad que crea el amor, y que nos deja entrever algo del misterio del Dios trino.

Este ser uno con el otro y uno para el otro que la palabra de Adán designa como «hacerse una sola carne» es, sin embargo, un sacramento. Es decir, aquí no solo están dos personas una al lado de la otra, sino que Dios está presente, pues el sacramento es, por su propia naturaleza, una de las formas en que Dios viene a nosotros como lo invisible a través de lo visible, en que lo visible, lo que pertenece a este mundo se convierte en camino por el que él sale a nuestro encuentro, por el que nosotros podemos en cierto modo tocarlo y experimentarlo. Así, podemos decir que el matrimonio es la manera más antigua y originaria en la que el mismo Dios se muestra al ser humano y hace posible la relación con él. A través del otro debe aparecer algo de él y, a la inversa, debemos también intentar ver siempre al otro desde él, detrás de él, atravesando precisamente lo humano, a aquel que lo ha creado y que lo quiere y que lo acompaña. En el ser bueno del otro debe brillar algo del ser bueno de nuestra misma vida, ponerse de manifiesto que es bueno ser un ser humano, que el mundo es bueno, que no es una casualidad, sino que procede de una bondad que es más grande que lo que podemos hacer e imaginar.

Este destino de la creación de Dios, este sacramento de la creación pudo eclipsarse en la historia, pero no anularse. Esta tarea sigue siendo núcleo y centro, aun cuando, por supuesto, tenemos que añadir que en ningún lugar la creación se encuentra ante nosotros tan pura y originaria como vino de las manos de Dios, pues desde entonces ha habido historia y el ser humano ha contribuido lo suyo, y de esto forma parte también, una y otra vez, el fracaso y la culpa. De ello resulta que el matrimonio no es solo un estar juntos en la alegría de la bondad experimentada recíprocamente, sino que cada encuentro asimismo significa siempre fatigas, se convierte para mí en el límite, que experimento la alteridad del otro como molesta, que algunas veces veo más sus faltas que sus bondades, que en todos lados está presente, una y otra vez, el fracaso y la culpa.

Pero justo de este modo el matrimonio puede convertirse, una vez más y de una forma más profunda, en un sacramento. Pues solo en la disponibilidad del continuo empezar de nuevo, en la capacidad de una generosidad siempre nueva, que vuelve a ver y reconocer lo originario, en la disponibilidad del perdonar y el soportar crece el amor verdadero, grande, maduro. Solo en ella el mismo ser humano se expande y madura, se purifica y engrandece. Solo en las purificaciones de la paciencia diaria se completa lo que al comienzo es promesa y esperanza.

Y, de esta forma, justamente el día a día sirve al amor, el día a día de la comunión matrimonial sirve al hacerse imagen de Dios, lo ayuda a crecer en nosotros. Pues el mismo Dios ha contraído también una alianza con el ser humano, que la Biblia describe como una especie de matrimonio, y en este estar juntos con la humanidad tiene que soportar una y otra vez hasta qué punto esta se queda detrás de su amor. Pero él no se queda atrás. Él viene siempre de nuevo, y sobre esto hay palabras de conmovedora belleza, cuando Dios le dice a Israel: «Hallaste gracia en el desierto. Con amor eterno te he amado, y no te abandonaré» (Jer 31, 2-3).

Todo esto es sacramento, está incluido en este don de Dios. La lectura de la Primera carta a los corintios nos ha descrito precisamente lo que significa este amor que solo madura en la paciencia de estar juntos. De él forma parte algo más que el gran gesto de un instante, forma parte la paciencia (1 Cor 13,4a) y la generosidad que puede también pasar por alto lo que se es capaz de olvidar; de él forma parte el ser bueno (1 Cor 13,4b) y el humor de la bondad; de él forma parte la superación de los celos y la confianza. Es importante que uno mismo no se ponga en el primer plano, ocupando en cierto modo para sí mismo todo el lugar del ser (1 Cor 13,4c). De él forma también parte el autocontrol y la disciplina; de él forma parte no guardar rencor (1 Cor 13,5), no alegrarse de la culpa del otro, sino alegrarse de lo bueno. Así, en la confianza, en el esperar, en el perseverar uno en el otro y uno con el otro crece ese amor que se extiende hasta la eternidad, que «no acabará nunca» (1 Cor 13,7-8).

Volvamos al comienzo. Hemos dicho que el matrimonio es un sacramento entregado por el

Creador, un estar juntos en el que él mismo está presente, abriendo con ello también el espacio sagrado en el que puede crecer y madurar una nueva vida humana. Ha sido desfigurado en el transcurso la historia, pero la voluntad del Creador no ha sido totalmente destruida. Podemos añadir aquí que en todos los pueblos y en todas las culturas históricas existe el saber de que en el estar juntos de hombre y mujer está en juego lo sagrado, de que se pisa en cierto modo terreno sagrado, de que solo puede tener éxito cuando se lleva a cabo en el estar junto con Dios. Que tenga carácter sagrado significa: en todas las culturas es algo semejante a un sacramento. Sin embargo, la imagen de Dios está deformada y ha sido desplazada, en consecuencia, también la extensión de lo que los seres humanos han inferido de ella. Y por eso fue importante, necesario, que Dios eliminase la ambigüedad, que mostrase quién era él, que se hiciese uno de nosotros en Jesucristo.

Pero puesto que el Creador y Redentor es uno y el mismo Dios, por eso el sacramento del Creador es también un sacramento de Jesucristo, un sacramento de la nueva Alianza. No se queda en lo meramente natural, precristiano, sino que viene con él. En la boda y en el matrimonio está, como dice el Evangelio, también presente Cristo (Jn 2,2). Este evangelio, con su profundo lenguaje metafórico describe de un modo conmovedor el entrelazamiento de creación y sacramento, de antigua y nueva Alianza, de amor humano y favor divino. Pero no quiero comentar aquí todo esto; solo un par de breves indicaciones para terminar.

Lo importante es que Jesús está presente y con él están presentes los discípulos. No viene solo. Viene en la comunidad de los discípulos, y allí lo encontramos una y otra vez. Por eso es importante para el sacramento, para su éxito y permanencia, estar con sus discípulos y allí encontrar el estar juntos que necesitamos. Y lo que Juan dice justo al principio: María «estaba allí» (Jn 2,1). Cuando leemos el evangelio y meditamos un poco, vemos que, en su discreción femenina, en la mirada de bondad que ella tiene, mantiene unido el todo y lo dirige hacia lo correcto. Y es como si el Señor nos quisiese decir, os quisiese decir a través de este evangelio: dejadle a la madre de Jesús estar también allí. Él nos la ha dado como ayuda. Ella no nos abandona y nos conduce una y otra vez hasta el Señor.

Y finalmente, está esa extraña historia de los dos vinos, de los cuales el segundo, para asombro del experimentado maestresala y en contra de sus anteriores experiencias, es el mejor. El vino es en el lenguaje de la Biblia una imagen del amor. El primer vino es el amor juvenil, el matutino encontrarse el uno con el otro, la irrupción de la alegría del uno hacia el otro, ese don de la creación que no puede extinguirse nunca y por el que debemos estar agradecidos con gran alegría, y lo estamos también en este momento. Pero si seguimos dependiendo solo de nosotros mismos, si dos personas dependiesen solo de ellas mismas, entonces lo más probable que suceda es que el vino se vuelva escaso o incluso que solo quede agua, y lo que empezó como una gran esperanza se transforme en decepciones y disgustos. O sucede que el vino se agríe y sepa a vinagre, que solamente se pueda percibir la amargura de las fatigas diarias, y se olvide la alegría de la gran irrupción.

Pero el Evangelio nos dice: si vivimos con el Señor, si este estar juntos se recomienza, una y otra vez, desde el sacramento, si este ser buenos el uno con el otro y perdonar se realiza desde el sacramento en el sentido de san Pablo, entonces el agua se transforma en vino. Solo entonces madura en estas transformaciones el gran vino, que es, frente a todas las experiencias del mundo, aún mejor y más noble que el primero, porque solo entonces ha surgido toda la madurez de una vida apta y de un haberse hecho uno en el estar juntos con Cristo.

Es solo el segundo vino el que da, por así decirlo, todo el sabor de la bondad de Dios, y nos hace reconocer, en medio de esta época, quién es él y cómo es de bueno.

Queridos novios, hoy nos alegramos con vosotros de que él os quiera entregar este vino con su promesa. Os deseamos que todos los días el Señor y sus discípulos y María estén «presentes» en vuestra comunidad, y que desde allí él os dé una y otra vez la fuerza que transforma el agua en el vino del amor, en el vino de su santo sacramento, y que así este estar juntos sea y siga siendo realmente un don de él en el que dé a conocer su bondad.

AMAR SIGNIFICA DARSE A SÍ MISMO

Ef 5,21-33

Al inicio del día de vuestra boda y del sacramento del matrimonio que mutuamente os administráis, se encuentra san Juan el Bautista. Él os conduce y acompaña a este sacramento.

Él se llama a sí mismo el «amigo del novio» (Jn 3,29). Por eso interpreta el misterio de Cristo como un misterio nupcial. El Señor ha venido para invitar al gran banquete nupcial de Dios, y no solo invita a él, sino que también lo inaugura. El Hijo de Dios asumió la naturaleza humana, y quiso así atraer hacia él al ser humano en su totalidad, a la humanidad, a todos los seres humanos. Y a través del ser humano unió toda la creación con Dios, de tal modo que creación y Creador se hagan uno y «Dios sea todo en todos» (1 Cor 15,28). Esta es la gran boda, que consiste en la encarnación de Jesucristo, en su vida, su muerte y su resurrección.

El Señor mismo es el novio. Esta boda no es un proceso de la naturaleza, un progreso de la evolución tal y como algunos lo imaginan, en el que la creación va ascendiendo lentamente por sí misma hacia Dios. Es un proceso del amor, porque el mismo Dios es una persona. Por eso esta boda, este hacerse uno de creación y Creador, solo puede ocurrir de un modo personal en un acto de amor. Esto ocurre mediante la entrega de sí mismo del Hijo, haciéndose don y entregándose totalmente por nosotros, y solo así nos hacemos capaces de estar con él. De este modo brilla también en el misterio de Cristo lo que es el sacramento del matrimonio. En él se representa lo que en un nivel superior tiene lugar en su encarnación.

San Pablo ha explicado esto de un modo muy concreto en la segunda lectura que acabamos de escuchar. Cita las palabras que en el libro del Génesis, al comienzo de la creación, se ponen en boca de Adán: «Por eso dejará el hombre a su padre y a su madre, se unirá a su mujer y vendrán a ser los dos una sola carne» (Ef 5,31); una única, nueva comunidad en Cristo, una unidad inseparable, inmutable e indestructible según la voluntad del Creador.

Los teólogos de la Edad Media entendieron estas palabras de Adán como palabras proféticas que el Espíritu Santo puso en su boca. En ellas vieron expresado que el matrimonio es un sacramento de creación, instituido por el mismo Creador junto con la creación aún antes del pecado original. Pertenece a la esencia de la creación, a la esencia del ser humano, de hombre y mujer. El ser humano ha sido querido por el Creador como un ser relacional, como alguien que no se basta a sí mismo, sino como alguien que necesita de la relación, que debe vivir en el uno con el otro y en el uno para el otro. Solo en este estar relacionado con el otro y para el otro puede cumplir la voluntad de Dios.

Y el matrimonio, el uno con el otro de hombre y mujer, es la expresión más profunda, el centro de este estar relacionado en el que consiste la esencia del ser humano. Por eso el más profundo uno con el otro de hombre y mujer, que constituye la esencia del ser humano, es el amor como acto del darse. El amor no es solo un estado de ánimo o un hermoso sentimiento. El amor exige al ser humano en su totalidad. El amor significa justamente este no ser para sí mismo, sino ser para el otro. Significa darse a sí mismo a otro. El Señor nos enseñó lo que es el amor cuando se entregó a sí mismo como víctima.

Amor significa entregarse a sí mismo, vivir totalmente para el otro, y esto es al mismo tiempo el centro íntimo del matrimonio.

Así, vemos que el sacramento de la creación, que forma parte del ser criatural del ser humano, lleva ya en sí mismo el signo de Jesucristo; que el misterio de Cristo está ya en las criaturas y en el centro de la creación, en el uno con el otro y uno para el otro de hombre y mujer.

Y vemos que la creación está en camino hacia el misterio de Cristo, y que de este modo el sacramento de la creación del matrimonio está en camino de convertirse desde dentro en el sacramento de Cristo y, de hecho, se convierte en su sacramento, adquiriendo así su plenitud en el instante en que él funda por su sacrificio la nueva Alianza y cumple eso por lo que la creación espera.

El mismo Cristo se nos da y nos muestra lo que significa seguirlo e imitarlo dándonoslo nosotros los unos a los otros. El misterio más íntimo de Cristo está por eso reproducido en el matrimonio. En esta hora podemos ver en su grandeza, pero debe trasladarse también a la insignificancia del día a día, en el estar preparado para el resurgir siempre nuevo, para entregarse a sí mismo, para seguir a Cristo y completar así la creación.

En esta imitación de Cristo, en la comunión con Cristo, tiene lugar lo grande, que el ser humano puede ser cocreador de Dios en la creación. Los hijos son, por un lado, verdaderamente nuevas criaturas de la mano de Dios —solo Dios puede crear nueva vida—, pero son también vuestros hijos, hijos del ser humano. Podemos ver aquí la interligación de Dios y ser humano, la cooperación de Dios y ser humano en el misterio de la creación, con Cristo, en la que se manifiesta la misma grandeza de la creación.

Esto es lo grandioso de esta promesa. Pues darse hijos el uno al otro no solo quiere decir que os los dais el uno al otro, sino también que se los dais a Dios, para que ellos mismos lleguen a ser portadores del misterio de Cristo, dándoos vosotros mismos a ellos, vuestro tiempo, vuestro ser.

En la celebración del matrimonio se muestra la fórmula básica de la existencia humana que Cristo nos ha entregado: «El que pretenda conservar su vida, la perderá; y el que la pierda, la conservará» (Lc 17,33).

Quisiera destacar un aspecto de la riqueza de la lectura de hoy, un punto en el que de buena gana querríamos rebatir a san Pablo. Pablo empieza diciendo algo que aceptamos de muy buen grado: «Sed sumisos unos a otros en el temor de Cristo» (Ef 5,21). Después continúa: «Las mujeres a sus maridos [así] como la Iglesia está sometida a Cristo» (Ef 5,22.24). «Porque el marido es cabeza de la mujer, como también Cristo, salvador del cuerpo, es cabeza de la Iglesia» (Ef 5,23). De buena gana rebatiríamos esto y le preguntaríamos a Pablo si él tiene realmente razón. Pablo parece proceder de su época, ¡pero hoy vivimos en una época diferente! Es cierto que aquí se plasma un determinado concepto sociológico. Pero si vamos al fondo del texto, veremos que Pablo nos dice algo que es verdaderamente novedoso y revolucionario para todo tiempo, lo novedoso que Jesucristo nos ha traído.

Pues ¿cómo ha mostrado Jesucristo que él es la cabeza, que él es el Señor, el único y el más excelso? Nos lo ha mostrado haciéndose el último, colocándose en el último lugar, haciéndose el servidor de todos nosotros y prestándoles a sus discípulos el servicio de esclavos del lavatorio de los pies. Llevó esto a cabo para sus discípulos y lo explicó diciendo: «Pues aun el Hijo del hombre no vino a ser servido, sino a servir y a dar su vida en rescate por todos» (Mc 10,45). Esta es la manera de ser el primero, y el esposo lo comprende cuando imita a Cristo y ve su grandeza en subordinarse al otro.

Todo se renueva a través del ejemplo de Cristo. Esto significa que también el hombre y la mujer imitan este ejemplo y crecen el uno hacia el otro aspirando no a ser servidos, sino a servir. Pablo explica esto de otro modo con dos frases: «Cristo purificó a la Iglesia» y «la alimenta» (Ef 5, 26.29).

En su perdón él realiza una y otra vez esta purificación. El don es siempre también perdón y la disponibilidad a empezar de nuevo y dejar empezar de nuevo el amor desde la fuerza del perdón. Esto sucede cuando rezamos juntos y obedecemos la palabra de la Escritura para ser nosotros mismos sanados a través de la palabra del Señor; cuando recibimos el sacramento de la penitencia y empezamos de nuevo, y recibimos así este don de santificación y renovación permanentes, en el que crece el amor y en el que el convertirse en una carne y un espíritu se hace cada vez más realidad.

Y Cristo alimenta a la Iglesia. Esto se vuelve muy concreto para el hombre y la mujer en su preocupación por el sustento diario. Concierne, por un lado, a la casa cristiana y al matrimonio cristiano; a la liturgia y a la casa de Dios, por otro. La conexión entre ambas es muy estrecha. Pablo dice que ambas van unidas. La casa de la familia vive de la casa más grande, de la Iglesia. La familia vive de la familia más grande, de la Iglesia. Y solo en aquel que vive en la casa grande de Dios y en la comunidad de la liturgia y de los sacramentos en la que Cristo nos «alimenta», puede hacerse real el sacramento en su día a día y en él mismo.

Pero también es válido a la inversa: la casa de la Iglesia y el gran don de la presencia del Señor en ella solo puede hacerse real y concreta cuando es llevada a la casa de la vida, cuando se sufre, reza y preserva allí. Este es el sacramento de Cristo que atraviesa toda la vida y la une consigo misma.

Para vuestro matrimonio os deseo que el estar el uno en el otro del misterio de Cristo y de la creación haga crecer cada vez más vuestro amor humano, y que la alegría del misterio nupcial esté siempre en vosotros.

ORDEN

SIGUE - DEJA - ANUNCIA

1 Cor 2, 1-9; Lc 9, 57-62

Lo real de la ordenación sacerdotal sucede en el silencio de la imposición de manos. Con ella el Señor, por así decirlo, os agarra, mis queridos amigos; acepta vuestra disponibilidad, que acabáis de expresar. Es como si dijese: «Ahora eres mío. Tus caminos han de ser mis caminos. Has de ser para mí voz en este mundo e instrumento, hasta el punto de que tienes permiso para decir en mi persona, con mi yo: "Este es mi cuerpo". "Yo te absuelvo de tus pecados"».

Así, en este pequeño gesto está incluido todo lo que es la ordenación sacerdotal. En él tiene lugar sin palabras una interpretación de todo el acontecimiento que ahora, a la inversa, podemos volver a encontrar interpretado en el evangelio que acabamos de escuchar, con sus tres imperativos, que en la ordenación se convierten en una alocución a vosotros: «¡Sigue - deja - anuncia!» (Lc 9,59-60). Escuchemos, en consecuencia, mejor estos tres gritos para entender mejor lo que el Señor quiere de vosotros, de nosotros.

La imposición de las manos es toma de posesión. Tiene como objetivo la dedicación del propio ser a otro, al otro: Cristo. Es expropiación del propio ser hacia él. Ahora simplemente ya no me pertenezco a mí mismo, ya no puedo decir: soy yo; mi vida me pertenece solo a mí, y hago con ella lo que quiero. No, ahora es válido el modelo que Cristo ha colocado ante nosotros como modo de su propio ser: «Mi doctrina no es mía, sino del que me ha enviado» (Jn 7,16). No soy mío, sino suyo. Mi vida será en adelante siempre comunión con él, vivir en comunión, pensar en comunión, hacer en comunión, caminar en comunión. No soy yo mismo quien concibo el proyecto de mi vida o los proyectos de mi vida, sino que los acojo en comunión con él. Así, lo primero en la vida sacerdotal es esta apertura del yo, la vinculación a su tú. Es desde la base comunidad con Jesús, obediencia a él, vivir dentro de su alcance, dentro del alcance de su mirada y de su voz. La vida sacerdotal solo puede tener éxito y solo puede llegar a ser madura y fecunda cuando no falta este centro más íntimo, cuando se alimenta siempre desde este fondo, desde la participación en su ser. Solo desde el interno vivir compartido puede crecer la cooperación, un obrar que procede de él y conduce a él. Hoy queremos pedirle unánimemente a Dios que vuestra vida se mueva siempre dentro del alcance de su voz y de su mirada; que conozcáis a Jesús desde dentro y os convirtáis así en creyentes de primera mano, que anuncian a aquel de quien están interiormente cerca.

San Pablo ha resumido en su carta a Timoteo este núcleo del seguimiento en una única palabra, cuando se dirige a Timoteo como «hombre de Dios» (1 Tm 6,11). Esto quiere decir el sacerdocio: que uno se convierte en un «hombre divino». Pablo sacó este título del Antiguo Testamento, donde designa a Moisés y los profetas, a aquellos por lo tanto que trajeron al Dios desconocido, inaccesible y lejano a este mundo, de tal modo que se volvió cercano y conocido. Más importante que todas las acciones del ministerio sacerdotal, por significativas que sean, es que uno mismo esté tocado por Dios, que lo haga tangible para los otros. Precisamente en el mundo profano, alejado de Dios, de hoy, los seres humanos esperamos en silencio que haya hombres divinos a través de los que se haga sentir entre nosotros algo de la luz de Dios. Cuando Moisés vino de la montaña, su rostro resplandecía (Ex 34,29). Al sacerdote se le debería notar que viene siempre de la montaña de los encuentros, que la luz de Cristo ha caído sobre él.

Así, la primera llamada, el «¡sigue!», nos conduce de forma natural a la segunda: «¡Abandona!». No existe seguir, caminar en comunión con Jesús, sin entregar, sin renunciar a sí mismo, sin salir de sí mismo. San Pablo subraya en la lectura de hoy lo que este abandonar significó de un modo práctico para él: «Cuando yo, hermanos, llegué a vosotros, no llegué para anunciaros el misterio de Dios con despliegue de elocuencia o de sabiduría; pues me propuse no saber entre vosotros otra cosa que a Jesucristo; y este, crucificado» (I Cor 2,1-2). En este doble «no» de la lectura de hoy es visible el abandonar, el giro de su vida, que en la hora de Damasco se convirtió en su camino. Entre tanto, no ha completado *su* carrera profesional, no ha creado *su* obra, con la que los grandes *se* construyen un monumento en el mundo. Entre tanto, está en camino para hacer que se oiga al otro, a Cristo. En esto consiste la otra, nueva grandeza del apóstol: que no busca su propio ser grande, sino que a través de él el Señor es grande. Debemos atrevernos a este abandonar. El sacerdote no está ahí para presentarse a sí mismo y crear un gran recuerdo de sí. No anuncia lo que él mismo ha ideado, no busca su propia genialidad. Pronuncia la palabra de otro y le transfiere sus pensamientos y palabras. Debe hacerse tan puro y claramente perceptible como sea posible.

Esto requiere una disciplina que abarque toda la vida. No nos anunciamos a nosotros mismos, sino a Cristo. A una educación semejante, que prescinde del pensar y hablar siempre desde él, solo se puede llegar cuando todo el estilo de vida se doblega al llamamiento «¡abandona!». No se puede entonces vivir como si, por lo demás, nada hubiese cambiado. «Deja que los muertos entierren a sus muertos», dice el Señor en el evangelio (Lc 9,60a). Con los muertos se está refiriendo a todo el ámbito de la muerte, esto es, sobre todo al apego a lo muerto, a las «cosas» que poseo y que pronto me poseen, me apegan a lo muerto. Aun cuando no todos podamos ser Francisco, para todos nosotros es válido que, para que se logre esa libertad interior que es necesaria para nuestro ministerio, debe crecer algo de sencillez y libertad frente a las cosas externas.

«¡Abandona!» Esto significa por lo tanto la educación y disciplina de nuestra vida, mediante la cual nos conformamos desde nuestra voluntad a la suya. Significa también el valor de aceptar el dolor de las purificaciones que Dios nos impone, porque solo mediante el dolor de las purificaciones puede surgir la fecundidad. La Iglesia solo puede seguir siendo madre y llegar a ser fecunda cuando toma sobre sí el dolor de la transformación, del nuevo nacimiento.

Esto recuerda una oración del Santo Cura de Ars, conmovedora por su sencillez y desprovista de sentimentalismo, que dice al Señor: «Te amo, mi Dios y Maestro, porque fuiste crucificado por mí, y me tienes crucificado por ti». Solo en una participación semejante en el dolor de la transformación, en la disponibilidad a ser conformados desde nuestra voluntad a la suya, surge una nueva vida, al igual que la Iglesia ha llegado a existir no simplemente por la palabra de Jesús, sino, en último término, por el enmudecer del sufrimiento y la muerte. En el camino del apóstol Pablo no fue diferente, y en todas las generaciones no puede ser diferente.

Con esto hemos llegado otra vez a la llamada al seguimiento, pues el seguimiento de Jesús no significa imitar esto o aquello de él, adoptar este o aquel punto del programa. Seguir significa seguirlo a *él*, aceptarlo a *él mismo* como camino, a él que es el puente, transformación pascual.

Hemos sido así conducidos hasta el tercer imperativo del evangelio de hoy. «¡Tú vete a anunciar el reino de Dios!», le dice el Señor al joven (Lc 9, 60b). Esto significa: ¡Anuncia que Dios reina! ¡Anuncia que Dios es Dios, que existe y que es Dios hasta en las cosas concretas de nuestra vida! ¡Deja que Dios se haga presente en su ser Dios, en su reinar, que es nuestro único albergue! Pablo subraya esto en la lectura cuando dice: «[Hablamos de] lo que el ojo no vio, ni el oído oyó» (1 Cor 2,9). El mensajero de Jesús debe conducir a los seres humanos hacia aquello que no se puede ver directamente y es, sin embargo, lo real. Debe introducir el amor de Dios en el corazón de los seres humanos, para que así también sus ojos sean capaces de ver. Una y otra vez el sacerdote debe guiar a los seres humanos a que la realidad más fiable y sólida no es lo palpable, lo que nos parece como lo único auténtico, puesto que justo lo que no se puede palpar es el verdadero fundamento de todas las cosas: el Dios vivo. Solo en una conversión semejante, en una transformación semejante del emplazamiento de nuestra existencia recibimos lo que se mantiene verdadero, nos convertimos en seres humanos de Dios, experimentamos lo que él nos ha preparado.

«¡Anunciad el reino de Dios!» En una de sus cartas del Jueves Santo, el Santo Padre ha descrito, partiendo del Santo Cura de Ars, la misión del sacerdote en tres pasos: predicación de la fe, purificación de la conciencia, eucaristía. Lo que el llamamiento de Jesús implica para la proclamación del reinado de Dios está con estas palabras clave traducido a lo práctico de la vida sacerdotal. Veamos los tres ámbitos más de cerca.

Primero está el encargo de anunciar la fe. Anunciar la fe; esto significa: colocar su realidad ante los seres humanos y no dejar que se ahogue en nuestras explicaciones o consideraciones eruditas. Pablo subraya esto repetidamente en sus cartas, en la lectura de hoy como también en la Primera carta a los tesalonicenses con su renuncia a la retórica de la época y su arte de persuasión (1 Tes 2,1-12). Necesitamos otra vez el valor de gritar sin evasivas ni rodeos la sencilla realidad de la fe en este mundo. Solo donde esto sucede, solo donde el Dios vivo sale a los corazones de los seres humanos, acontece la purificación de la conciencia.

Y el auténtico lastre de nuestro tiempo es justamente el enmudecer de la conciencia. Si pensamos en lo que traficantes de drogas, lo que traficantes de armas, lo que toda clase de opresores pueden hacer; ¡qué aplastamiento de la conciencia! Donde el pecado es aún consciente como pecado, el camino de la sanación se encuentra también abierto. La enfermedad del alma se vuelve verdaderamente mortal cuando la conciencia ya no habla, los pecados no son ya conocidos y reconocidos como pecados.

El Santo Cura de Ars dijo en una ocasión a sus feligreses: «Lloro por lo que vosotros no lloráis por vuestros pecados». Haberse vuelto insensible para nuestra vocación divina… El silencio de la conciencia conduce a que lo más profundo del ser humano, que es su auténtica dignidad, no despierte en él. Me vienen a la memoria unas palabras de Gregorio Magno, que en una ocasión, en sus homilías sobre Ezequiel, dijo que para ser evangelista uno tiene que hacerse semejante al ser humano, pero que solo nos hacemos semejantes al ser humano cuando nos hacemos semejantes a Cristo. La purificación de la conciencia es lo que abre el corazón y lo ensancha; es lo que nos da acceso al misterio de la eucaristía, a la presencia del amor de Dios en medio de este nuestro mundo.

Queridos amigos, este es el encargo que recibimos en esta hora, el encargo que contiene la imposición de las manos. Si todo esto pudiese parecer quizá demasiado grande para nuestras dimensiones, entonces debéis pensar que la imposición de las manos no es solo toma de posesión, sino que es al mismo tiempo un gesto de bondad, de ternura, de protección. A través de él el Señor no solo dice: «Tú eres mío», dice también: «Quiero ser tuyo y acompañarte en todos los caminos. Adonde quiera que vayas, vas a la sombra de mis manos».

Pedimos en esta hora para vosotros que en todos vuestros caminos podáis ir a la sombra de sus manos que bendicen, y que esta bendición siga saliendo desde vosotros hacia todas las personas que el Señor os confía.

YA NO OS LLAMO SIERVOS, SINO AMIGOS

Jer 1,4-10; 2 Cor 1,18.22-24; Jn 15,9-17

La primera palabra del evangelio de hoy es de una grandeza que nos debería de hecho estremecer si no estuviésemos embotados por la costumbre. «Como el Padre me amó, así también os amé yo. Permaneced en mi amor» (Jn 15,9), dice el Señor. Es decir, con el mismo amor con el que Dios se ama a sí mismo, con el mismo amor con el que el Hijo está vuelto hacia el Padre, en ese mismo amor nos ama el Señor. Estamos incluidos en este misterio eterno del amor de Dios y amados en él desde el comienzo con el mismo amor. Hemos sido conocidos, hemos sido amados, hemos sido aceptados. No nos encontramos vacíos en el mundo. No hemos sido arrojados a una oscuridad sin sentido, ante la que ni sabemos de dónde viene ni adónde conduce. Un amor indestructible nos ha aceptado de antemano y va con nosotros.

181

Hemos sido amados. Esto significa: hemos sido necesitados. Pues quien es amado, es necesitado, es necesario para aquel que lo ama. Dios, que no está necesitado de nadie, nos ama, y así es válido lo improbable: precisa de nosotros, nos hemos convertido en necesarios para él. Somos necesitados. No estamos en vano en el mundo. Él nos quiere. Él precisa de nosotros.

Este ser-necesitado que da sentido a nuestra vida se hace concreto de manera especial en el sacerdocio. Para los sacerdotes es a su manera válido lo que Jesús les dijo a sus discípulos: «Yo os elegí, y os he puesto para que vayáis y deis fruto, y que vuestro fruto sea permanente; para que todo lo que pidáis al Padre en mi nombre, él os lo dé» (Jn 15, 16). El Señor nos necesita para que «vayamos y demos fruto». Ha salido de la eterna gloria de Dios para traernos el sí de Dios, para mostrarnos el camino, para ser para nosotros el camino. Quiere, y esta es precisamente la voluntad específica para el sacerdote, que continuemos este salir de Dios. Que nos pongamos en marcha por él, que partamos, para que él pueda en adelante seguir llegando a los seres humanos. Quiere que en un camino semejante deis fruto.

En esto resuena una vez más la anterior parábola de la vid (Jn 15,1-8). El Señor nos dice: lo importante en la vid es que no crezca en las hojas, debe podarse para que al final no se encuentre ahí vacía y sin valor, sino que el fruto crezca. De dar fruto forma parte ser limpiado, forma parte una y otra vez ser podado, que nos quita las hojas y las ramas sobrantes que no sirven para nada. Necesita la paciencia de madurar y de hacerse puro; la humildad de aceptar una purificación semejante de Dios y reconocer en ella su mano buena. Para que haya fruto, para que pueda haber un vino delicioso, se necesita el sol, pero también la tempestad, lo oscuro y lo luminoso. Todo esto no está por casualidad en nuestra vida. Sabemos que el Señor nos ayuda a que haya fruto.

Pero ¿qué es esto en realidad?: «fruto duradero» (Jn 15,16). A todo ser humano le gustaría, si de todas formas tiene que morir, no marcharse sin dejar huella del mundo. En todos está inscrita esta silenciosa rebelión contra la muerte. Queremos dejar algo de nosotros, grabar un signo en el campo de la historia. De este modo, desde esta voluntad, producir algo que permanezca, no desaparecer simplemente con la vida en la nada, han nacido los hechos políticos grandes y terribles. De ahí ha surgido el arte y la ciencia, en las que el ser humano quiere dar fruto, en las que no solo quisiera conocer, sino también, de algún modo, seguir siendo él mismo.

Mucho puede llevarse a efecto de tal forma y, no obstante, todo lo que hacemos, aun cuando siga existiendo durante mucho tiempo más allá de nuestra vida, está sometido a la transitoriedad. Las construcciones se desmoronan, los libros que han de dar la eternidad se desvanecen, y con frecuencia esta eternidad hecha por uno mismo puede ser muy efímera. ¿Qué queda? Inmortal es solo el corazón del ser humano, y por eso el fruto que permanece es solo lo que le pudimos dar a un ser humano, de manera que lo ayudase a vivir.

El fruto que permanece es lo que está sumergido en el corazón del ser humano, de suerte que se haya convertido en parte de sí mismo y de su eternidad. El fruto que permanece es la luz que a través de una palabra de fe, a través de un hacer por amor, a través del servicio desde el Señor, a través de la entrega de sí mismo, hemos sumergido en los seres humanos. Y ahí sucede, sin embargo, algo grande y sorprendente: Dios espera este fruto que él mismo no puede crear, sino que procede solo de la libertad del ser humano. Queremos pedirle al Señor que como servidores de la alegría de Dios podáis dar, de este modo, frutos grandes y eternos.

De la gran riqueza del mensaje de las Escrituras de hoy querría ahora resaltar una cosa, unas palabras que me siguen desde mi ordenación: «Ya no os llamo siervos, […] os he llamado amigos» (Jn 15,15). Eran en aquel tiempo las palabras con las que finalizaba la ordenación, que en cierto modo debían abrir la puerta de entrada en el día a día. Salid a la amistad con el Señor, sabiendo que él va como un amigo con vosotros. A menudo pensamos: esta criatura ser humano es tan pequeña en el universo; no puede ser que Dios nos conozca uno a uno, se interese por nosotros. Pero no: nos ha convertido a nosotros, los siervos, en amigos.

Pero ¿en qué consiste esta amistad? ¿Cómo se vive de un modo práctico? El Señor nos da dos respuestas para esto. La primera: «Vosotros sois mis amigos si hacéis lo que yo os mando» (Jn 15,14). Esto no es una condición egoísta, en la que, más o menos, el Señor diría: «Si bailáis a mi compás, entonces sois mis amigos». Es algo muy distinto. Detrás se esconde la esencia más profunda de toda amistad, que los antiguos romanos definieron con las palabras *idem velle, idem nolle*; querer lo mismo y no querer lo mismo. Comunión de voluntades, conformidad en eso que a uno le gustaría en lo más profundo.

Amistad con Cristo significa, por lo tanto, que las dos voluntades, la suya y la nuestra, se convierten en una. Él nos ha precedido, ha puesto su voluntad en la nuestra, tanto, que ha dejado su ser Dios, se ha despojado de su gloria y se ha hecho hombre con nosotros (Fil 2,6-7). Tan importante es para él nuestra voluntad de ser rectos, de ser felices. Tanto se ha convertido esta nuestra voluntad en la suya, que por eso se ha entregado a sí mismo, su vida, como un verdadero amigo. «Nadie tiene mayor amor que el que da su vida por sus amigos» (Jn 15,13). Ha convertido nuestra voluntad en la suya y se ha desprendido de la suya propia.

Así, nos invita, por nuestra parte, a entrar en su voluntad, que ya con antelación se sintoniza con la nuestra, con nuestro querer más profundo, verdadero. Nos invita a hacer lo que él hizo. Nos invita a que ya no nos busquemos eternamente a nosotros mismos, no estemos ya atentos a que sea lo que yo quiero, de manera que estemos así enredados en una eterna preocupación y no podamos nunca estar satisfechos. Él nos dice: «Déjame a mí tu voluntad, tus preocupaciones, yo me ocupo ya de ti». Le podemos dejar a él nuestra voluntad. Allí está en buenas manos.

El Señor no es olvidadizo, y no es débil, no es vacilante. En él podemos depositar sin miedo nuestra voluntad, llegando a ser así serenos y libres, y para ello intentar aceptar su voluntad, lo más importante en este mundo. Pero su voluntad es que los seres humanos conozcan a Dios, que aprendan a vivir correctamente, que se vuelvan uno en la fe en Dios. Este introducirse en su vida, esto es la amistad. Una amistad que quiere ser conquistada de nuevo cada día para hacerse cada vez más profunda. En segundo lugar, el Señor nos dice esto sobre la naturaleza de la amistad:

> El siervo no sabe qué hace su señor; […] porque todo lo que he oído de mi Padre os lo he dado a conocer. (Jn 15,15)

La obediencia de Jesús al Padre no es un suceso externo cualquiera. Es toda la existencia del Hijo. Cuando él nos «dice» lo que «oye», tenemos que pensar: como su «oír», tampoco su «decir» es un mero hablar, sino que este su decir consiste en que él se nos entrega hasta el punto de que está desnudo en la cruz ante nosotros, todo su ser descubierto para nosotros, y ante nosotros no tiene ya ningún secreto.

En él, el crucificado, vemos realmente dentro del corazón de Dios, del Dios que se hace débil por nosotros, para que podamos vivir, lo más íntimo del cual es la disponibilidad de dejarse herir por nosotros. En la cruz está abierto y no tiene ya ningún secreto. A no ser que precisamente esta apertura sea su secreto más íntimo. Nos ha dicho todo, se ha abierto por completo hacia nosotros. Y la amistad consiste de nuevo en que profundicemos, crezcamos en esta naturaleza de Dios tan abierta a nosotros, entregada a nosotros, para que se convierta cada vez más en el centro de nuestro saber y querer y de nuestra vida, día a día.

Todo esto se redondea si tomamos para ello dos temas del evangelio de hoy: la palabra «permanecer» (Jn 15,9-10.16) y la palabra «gozo» (Jn 15,11). Ambas son los motivos característicos que definen este evangelio. Permanecer, esto significa: no basta la gran irrupción, el entusiasmo de un instante, de una hora matinal, sino que la verdadera amistad, que es amor, madura en la paciencia del permanecer. Algunas veces puede parecer fatigoso, este permanecer, demasiado difícil para nosotros, demasiado contrapuesto a nuestro propio querer. Pero sabemos que solo permanecemos finalmente con nosotros mismos cuando permanecemos con Él, en la amistad. Permanecemos, por lo tanto, también cuando fracasamos. Permanecemos porque sabemos que le gustamos, nos ha aceptado: que justo cuando somos débiles nos ama de un modo especial. No necesitamos entonces escapar, sino que justo entonces debemos cobijarnos en su amistad. Él no se va. Él permanece. Aferrémonos a él como él nos sujeta. Entonces surge lo que merece perdurar: una vida que puede permanecer.

El otro tema del evangelio de hoy se llama «gozo». El gozo no es la comodidad, así como la dicha no es lo mismo que el bienestar. El gozo es más exigente. El gozo consiste al final en que podemos salir de los límites de nuestro yo, somos capaces de saltar los límites que nos coartan; en los que nos hacemos uno con aquel que mantiene unido el mundo, con el sentido mismo del que procede el mundo; con el amor que lo funda y sostiene. Este salir de las cadenas del yo y de su pequeñez, este ser liberado entrando en la grandeza de toda la realidad, esto es el gozo, y se hace más grande cuanto más aprendemos el permanecer en la amistad con Cristo. En esto percibimos el sí de Dios a nosotros. Nuestra vida se encuentra en su sí.

Con ello hemos llegado a las palabras finales de la lectura de hoy. Pablo les dice a los corintios: «No es que pretendamos dominar con imperio en vuestra fe, sino que colaboramos con vuestra alegría, pues estáis cimentados en la fe» (2 Cor 1,24). Cuando somos amigos de Cristo, estamos en una comunión de voluntades con él, no queremos ser señores sobre los otros. Él mismo, que es realmente el Señor del mundo, no quiso venir a nosotros en el signo del poder, sino ser nuestro servidor. Él nos sigue todavía sirviendo, día a día, en los santos sacramentos y a través de la gracia de su palabra. Ser su amigo significa hacerse servidor con él.

Solo las almas serviles tienen necesidad de dárselas de señor y excusar mediante gestos despóticos su propia bajeza. Quien ha entrado en la amistad del Señor, no necesita dárselas de señor. Servirá y conocerá con él en el gozo: no hay nada más grande que comunicarles a otros el gozo, transmitir eso que ha llegado a ser nuestro: introducir a los seres humanos en el gran sí de Dios.

Queridos ordenandos, que se os conceda recibir por este sí vida y gozo, y podáis transmitirlos día tras día. De ellos debe estar llena vuestra vida sacerdotal. Lo pedimos todos nosotros de corazón para vosotros en esta hora.

PERMANECER UNIDO A DIOS: LA IGLESIA COMO COMUNIDAD ALREDEDOR DEL ALTAR

Sal 34,2-3.16-23; Jn 6,60-69

Toda la liturgia dominical de la Iglesia es una pequeña obra de arte, en la que palabras de la antigua y de la nueva Alianza, las oraciones de Israel y las oraciones de la Iglesia están unidas en un todo que no solo nos proporciona nuevas perspectivas de la revelación de Dios, sino también nuevas visiones en nuestra vida, de modo que la abarcamos mejor con la vista, la vemos y entendemos mejor, y en todo el caos de caminos podemos encontrar *el* camino, la senda de la vida. Así, también la liturgia de este día nos puede ayudar, con las lecturas y oraciones en las que ahora nos encontramos, a comprender mejor el acontecimiento especial, grande y feliz que nos ha reunido, la reapertura de esta iglesia, la dedicación del nuevo altar, y recibir desde él la luz también para nuestra vida cotidiana.

La clave de todo me parece la oración al final de la misa, con la que la Iglesia nos conduce fuera, a esta vida cotidiana. Esta oración incluye tres peticiones. Una primera dice: «Permanece, oh Dios, en camino con tu misericordia redentora y consúmala». Una segunda: «Haznos valerosos y generosos en tu amor». Y una tercera: «Permite que nuestra voluntad se conforme con la tuya».

Me gustaría ahora simplemente decir algo sobre cada una de estas tres peticiones y mostrar cómo están relacionadas con aquello que estamos haciendo ahora aquí.

La primera petición dice: «Consuma, oh Señor, la obra de tu misericordia redentora». Todos nosotros hemos estudiado en la escuela y lo sabemos: estamos redimidos. En la cruz Jesucristo ha abierto de una vez por todas la puerta de la salvación de par en par para nosotros, nos ha regalado una redención que alcanza todo el mundo y todo tiempo. Estamos redimidos, la redención está ahí, pero tiene que llegar. Y por eso ella no es simplemente pasado, sino que la misericordia está en camino a través de toda la historia para recoger todo lo que en el mundo existe de no redimido, de miseria, de sufrimiento y de preguntas. La misericordia de Dios solo concluirá cuando llegue el último instante de la historia y esté enjugada la última lágrima (Ap 7,17). Solo entonces será válido definitivamente: estamos redimidos.

Y el altar que hemos erigido aquí es como una petición al Señor, como una mano que se extiende y le dice: «Por favor, no olvides tampoco este lugar, este nuestro Schönbrunn». Ven día tras día en el camino de tus misericordias también hasta aquí. Reúne también aquí todo el sufrimiento y toda la necesidad de amor y de bondad. Recorre día tras día esta casa, este lugar. Mira todos los corazones que te necesitan, todo grito silencioso y no expresado de no redención, toda petición de misericordia y bondad. Lleva también aquí a término, cada día y cada hora, la obra de tu misericordia redentora. Déjanos a todos nosotros ser redimidos una y otra vez desde este lugar.

El altar, querida familia de Schönbrunn, lo habéis construido vosotros. Pero en la dedicación del altar se lo entregamos a Dios, y él nos lo devuelve, de tal modo que ahora él ya no es solo nuestra petición: «No nos pases por alto en el camino de tus misericordias», sino que el altar es ahora también una respuesta: «Estoy también presente en esta casa, cada día y cada hora, sin interrupción. Os veo a todos, voy hacia todos y estoy con cada uno».

De los más hermosos y suntuosos altares de las catedrales hasta el último y más sencillo altar en alguna parte de la selva, o los ocultos altares provisionales en la época de la persecución; todos los altares de este mundo son una respuesta semejante de Dios, en los que su misericordia redentora permanece sin cesar en camino, en los que él dice sin cesar: «Aquí estoy», en los que su promesa se convierte sin cesar en realidad: «Y cuando a mí me levanten de la tierra en alto, atraeré a todos hacia mí» (Jn 12,32). Aquí está él, aquí está la presencia de su cruz, y sus manos se extienden para arrastrarnos dentro de su bondad, de su misericordia redentora. Y el sufrimiento que el Señor ha sufrido en la cruz, no es ya un sufrimiento humano cualquiera. Es, de este modo, grande y salvífico para todos nosotros, porque es el sufrimiento del Hijo de Dios, porque ha arrastrado todo el sufrimiento del mundo dentro de sí y de su amor transformador. Y todos nosotros podemos estar seguros: estamos ante sus ojos, tenemos sitio, él nos ha visto también y ha absorbido nuestro sufrimiento. Él también me acepta para hacer también en mí la obra de la misericordia redentora. Así, queremos en cierto modo detenernos una y otra vez en este altar y pedirle: «Déjalo penetrar en mí y déjame estar recogido en tus manos, para que en mí se consume tu misericordia redentora».

La segunda petición dice: «Haznos valerosos y generosos en tu amor». Describe en realidad todo de lo que depende la vida cristiana. Lo primero es esto: que antes de todos nuestros actos y después de todos nuestros actos hemos sido amados por Dios y nos encontramos en su amor. Lo primero no es algo que debamos hacer, sino que es algo que me es dado y en donde estamos a salvo.

El Señor nos ama, a cada uno, no hay nadie que sea superfluo. No hay nada sin valor y no hay ninguna vida poco importante. No hay una vida casual, que sería mejor que no existiese. No, cada uno tiene el derecho de saberlo: él me ha querido y así, tal y como soy, me ama y soy importante para su plan con el mundo y con la historia, y este amor no me abandona si *yo* no lo tiro. En él estoy a salvo. Por eso ser cristiano es, sin cesar y en primer lugar, aceptación de este ser amado.

Y también rezar consiste en el fondo menos en contarle a Dios de todo, o entregarle algo que él aún no tenga. Rezar consiste en que dejemos penetrar profundamente en nosotros este ser amado por Dios. Así deberíamos entender de hecho la celebración eucarística, la santa misa. No somos *nosotros* los que tenemos que hacer algo. *Él* está ahí y extiende las manos, y nosotros deberíamos celebrar la eucaristía de tal modo que incorporemos profundamente esto en nosotros, nos dejemos penetrar por esta presencia de su amor.

Lo mismo es válido para todas las otras oraciones. Tenéis ahora aquí un maravilloso vía crucis en el que se puede ver todo esto: el camino que Jesús recorre detrás de todas nuestras tribulaciones y faltas, y en todos los casos nos perdona una y otra vez. Rezar el vía crucis, rezar el rosario significa dejarse hundir en este amor, dejarse colmar de él, reconocerlo, experimentarlo y aceptarlo, y así llegar a estar de nuevo liberados y libres. Y solo desde este recibir viene nuestro hacer, y la oración de la que hablo lo resume en dos características esenciales, a saber, «valeroso» y «generoso».

Valeroso no significa que tengamos que luchar. El realmente valeroso no es el valentón, sino que el valor consiste sobre todo en resistir, resistir en la fe, en el amor. Tanto hay en nuestra vida que nos querría disuadir de este amor a Dios. Tantas cosas suceden que decimos: ¿por qué me hace esto? ¿Es posible que él siga de verdad existiendo? Puede suceder que al final solo nos acordemos de lo puramente negativo en el mundo y en la vida, y que nos dejemos arrastrar lejos del amor de Dios.

El valor consiste en que no nos dejemos superar por todos estos golpes que recibimos. Que permanezcamos con él. Que no dejemos que se apague el recuerdo de lo bueno en nosotros. Que en todo lo desagradable y malo y triste que recibimos, sigamos conservando el gran tesoro de los recuerdos de lo bueno, de lo hermoso en el mundo de Dios y en nuestra vida, nos mantengamos valerosos y nos aferremos a él, no nos dejemos apartar de él y nos mantengamos tan creyentes y, con ello, nos mantengamos felices.

El mundo nos querría, como lo acabamos de escuchar en el evangelio, disuadir también una y otra vez de la fe, y decirnos: «No hay nada de esto», y el Señor dice: «¿Quieres ahora marcharte realmente?». El valor que él, desde la experiencia de su amor, espera de nosotros es que digamos como Pedro: «Señor, ¿a quién vamos a ir? ¡Tú tienes palabras de vida eterna!» (Jn 6,68). ¡Solo tú eres el

Dios santo, la bondad de Dios, no me marcho, permanezco contigo, porque sé que así permanezco en tu amor!

Y de este valor que permanece con él, que no se deja apartar, procede la generosidad. Esta es la otra característica que Dios espera de nosotros, tal y como él es generoso. Muchas personas tienen hoy miedo cuando hacen algo por otros, cuando sirven, dejar escapar algo de la vida, de que se quede sin vivir un pedazo de su propia vida por el que algún día deberán vengarse. Pero lo verdadero es lo contrario. Justamente el afán por vivir, con el que solo queremos tener para nosotros mismos, nos vuelve cada vez más tristes, cada vez más vacíos. Y cada hora que damos y regalamos para otros, es realmente ganada y nos hace ricos. Solo la generosidad con la que repartimos nuestra vida y la ponemos al servicio de los unos para los otros y de Dios, nos regala la vida. Solo dándola, como dice el Señor, se nos devolverá multiplicada por mil, la vida se convierte en vida, puede tener éxito como vida.

También ahí nos habla el altar. Lo encuentro tan maravilloso, esta generosidad de Dios, que en toda iglesia, por muy pequeña que pueda ser, por muy miserable que pueda ser, ante cualquier comunidad, por distraída o por despistada que esta sea, él se entregue siempre a sí mismo y se entregue totalmente. Tan generoso es que nunca, tampoco en el último rincón, se siente demasiado bueno y dice: «Con un poco basta». ¡Se entrega! Aquí esta generosidad de Dios debería atravesar una y otra vez nuestro corazón cálida y fuertemente, y darnos también el arrojo para ser, desde esta generosidad, generosos en la certeza de que así encontramos la vida.

Y finalmente la última petición: «Conforma nuestra voluntad con la tuya». Esta es la descripción de lo que es la amistad. Querer todos juntos lo mismo y que no nos guste lo mismo: estos son los amigos. Y así, para nosotros es importante llegar a ser amigos de Jesús, venir con él a esta comunidad del mismo gusto, que nos guste lo mismo y rechazar lo mismo porque es contrario a la verdad y contrario al amor. Deberíamos intentar aprender esto, esta comunidad del querer con el Señor, de tal modo que los mandamientos no vengan ya de fuera, sino de esta comunidad interior del querer que nos une con el amigo, con Jesucristo.

La oración de la Iglesia que he cantado hace un momento expresa esto con otras palabras. Dice: «Concédenos que nuestros corazones anclen fir-

memente allí donde están las verdaderas alegrías».
Todos nosotros buscamos la alegría. El ser humano ha nacido para la alegría, querríamos la alegría.
Y muchos le vuelven por eso la espalda a la Iglesia,
porque opinan que impide la alegría, y que solo
fuera de la Iglesia o contra ella se puede encontrar
la alegría. Pero a todos les gustaría esto: estar tan
firmes dentro de la alegría, estar tan anclados, que
nada nos arranque ya de ella y nos pueda hacer
desdichados e infelices. Pero la alegría puede venir
al final solo del ser amado, y este solo puede ser al
final totalmente firme y acogedor para todo amor
humano en Jesús. Y así, estamos por decirlo así
afianzados en la alegría cuando nos detenemos
firmemente en Jesucristo. Entonces podrán suceder
tantas cosas: en algún lugar se hará presente esta
luz de la alegría desde lo más íntimo, y lanzará
también su rastro de luz en la oscuridad múltiple.

La liturgia del actual domingo todavía ilustra
más esto con las palabras de un salmo, unas palabras de promesa de Israel, cuya completa grandeza
solo se hizo comprensible a la luz de Jesucristo.
Dicen: «Cercano al afligido está el Señor. [...]
Grandes son los males de los justos, y él los salva
de todos. Él preserva sus huesos, sin que ninguno

de entre ellos se fracture» (Sal 34,19-21). San Juan puso triunfalmente estas palabras al final del relato de la crucifixión (cf. Jn 19,36). Ahí está ahora aquel que tiene realmente el corazón roto; se lo han atravesado, y el sufrimiento por nosotros lo ha roto desde dentro. Ahí está aquel sobre el que se ha puesto toda la desgracia del mundo y que ahora está muerto y parece estar totalmente abandonado por Dios. Y justo ahora se manifiesta que, a pesar de todo, en él es válido: Dios no permite que se rompa ni un solo hueso de él, lo salva totalmente.

Y esto puede afirmarse en relación con todos nosotros, y desde él debemos experimentarlo una y otra vez: justamente el que sufre, justamente aquellos a los que les falta algo en la vida, y a los que se les infligen muchas desgracias, pueden saberse en sus manos. Él está cerca, igual que nos ha salvado totalmente, igual que vamos totalmente hacia sus manos, intactos, y podemos pertenecer totalmente a él.

Y, de nuevo, este altar debería decirnos que *aquí* está el punto de anclaje fiable de nuestra alegría, que nadie nos puede arrebatar. Y así deberíais, queridos hermanos y hermanas, ver este altar ahora erigido: como el punto fijo y punto de anclaje de la alegría. Él está ahí, y nadie me lo puede arrebatar, y me sostiene en sus manos. Anclarse aquí significa estar anclado allí donde, en medio del ir y venir del mundo, está la confianza, la verdadera alegría.

Vamos a agradecerle al Señor en este día que nos dé este signo de respuesta, que siga estando en camino con su misericordia y también aquí esté presente sin interrupción. Vamos a agradecerle que nos acoja en su amor y que extienda sus manos sin interrupción para atraernos hacia él y cobijarnos allí donde están los verdaderos amigos. Y vamos a pedirle que de este altar, de esta iglesia que es el centro de vuestra familia, pueda salir mucha bendición durante largo tiempo.

LISTADO DE FUENTES

P ara las homilías ya publicadas se indica el número correspondiente en la bibliografía de las obras de Joseph Ratzinger: Joseph Ratzinger (Benedicto XVI), *Das Werk. Veröffentlichungen bis zur Papstwahl*, V. Pfnür (ed.), Augsburgo, Círculo de Discípulos, 2009 (abreviado: Pfnür). Las homilías del tiempo del pontificado se tomaron de la página web del Vaticano: http://www.vatican.va/content/benedict-xvi/de.html, modificándose ligeramente a nivel lingüístico.

LO QUE MANTIENE UNIDO EL TODO: LA IGLESIA COMO FUNDAMENTO DE LA FE

Homilía del cardenal Joseph Ratzinger en la consagración de la iglesia parroquial de San Alberto Magno, en Ottobrunn, Múnich, el 2 de octubre de

1977. Transcripción de una cinta magnetofónica, disponible en Internet en www.albertusmagnus-archiv.de/pr_021077.htm.

La charla de Wilhelm Stählin mencionada en el texto fue pronunciada el 20 de enero de 1964 en un congreso de la Martin-Luther-Gesellschaft, y está publicada en: *Zur Auferbauung des Leibes Christi. Festgabe für Prof. Dr. Peter Brunner zum 65*, Edmund Schlink y Albrecht Peters (eds.), Kassel, 1965, pp. 76-83. La cita de santa Teresa de Lisieux está tomada de: Teresa de Lisieux, *Obras completas*, Burgos, 1994, pp. 749-750.

BAUTISMO

La luz de la vida
Homilía de Joseph Ratzinger en la vigilia pascual del 14 de abril de 1979 en la catedral de Nuestra Señora de Múnich. Transcripción de un documento de audio (Pfnür B_501).

Nuestro sí a cristo
Homilía del papa Benedicto XVI durante la celebración del bautismo en la fiesta del bautismo

del Señor el 8 de enero de 2006 en la Capilla Sixtina en Roma.

CONFIRMACIÓN

«¡Escoge la vida!»
Versión ampliada de la homilía cardenal Joseph Ratzinger, «"Escoge la vida". Una homilía de confirmación», publicada en: *IKAZ Communio* 11 (1982), pp. 444-449 (Pfnür B_683).

Sellado con el espíritu
Homilía del papa Benedicto XVI en la eucaristía de la XXIII Jornada Mundial de la Juventud, 20 de julio de 2008, en el hipódromo de Randwick, Australia.

CONFESIÓN

¡Dejaos reconciliar con dios!
Homilía de Joseph Ratzinger en la misa para los peregrinos bávaros en el Año Santo extraordinario el 24 de mayo de 1983 en la catedral de San Pedro en Roma. Publicada con el título «Versöhnung,

auf der wir alle warten», en *L'Osservatore Romano* (alemán) 13 (1983), núm. 24, p. 14. Para la impresión se editó ligeramente el texto (Pfnür B_699).

Nos devuelve la dignidad de sus hijos
Homilía del papa Benedicto XVI con motivo de su visita al centro de detención para menores Casal del Marmo en Roma, el 18 de marzo de 2007.

EUCARISTÍA

En la oración tiene lugar la transformación
Homilía del papa Benedicto XVI el Jueves Santo durante la santa misa *In coena Domini*, el 9 de abril de 2009 en la Basílica Lateranense en Roma.

En el pan y el vino se da totalmente
Homilía del papa Benedicto XVI en la celebración de la eucaristía en el atrio de la Basílica Lateranense en Roma el 15 de junio de 2006, con motivo de la solemnidad del cuerpo y la sangre de Cristo. La cita de la *Enseñanza de los doce apóstoles* (Didaché) está tomada de: Didaché. *Doctrina Apostolorum. Epístola del Pseudo-Bernabé*, Madrid, 1992, p. 99.

UNCIÓN DE ENFERMOS

Vivir del gran amor de dios
Homilía de Joseph Ratzinger en una misa para
personas con discapacidad el 31 de octubre de 1981
en la iglesia de los Teatinos y de San Cayetano, en
Múnich. Publicada en *Ordinariats-Korrespondenz*,
Múnich, 35, 5 de noviembre de 1981. Para la impresión se editó ligeramente el texto (Pfnür B_639)

Abandonarse a la misericordia de dios
Homilía del papa Benedicto XVI en la celebración
eucarística en Lourdes el 15 de septiembre de 2008,
memoria de Nuestra Señora de los Dolores, con
motivo de su viaje apostólico a Francia.

MATRIMONIO

Madurar en el amor
Homilía del cardenal Joseph Ratzinger en la boda de
Anne Richardi y Stefan Strehler el 31 de agosto de
1991 en la iglesia de la Ascensión de María, Ratisbona.
Transcripción de una grabación magnetofónica pro-
piedad del profesor Reinhard Richardi, Pentling.

Amar significa darse a sí mismo
Homilía de Joseph Ratzinger en la boda de Anthony
y Marta Valle el 24 de junio de 2004, la solemnidad
de la Natividad de san Juan Bautista, en la catedral
de San Pedro en Roma. La homilía fue pronunciada
originariamente en alemán, grabada y traducida al
inglés. Proporcionada por Anthony Valle. Traducción del inglés por el Dr. Manuel Schlögl.

ORDEN

Sigue - deja - anuncia
Homilía del cardenal Joseph Ratzinger en la ordenación sacerdotal de los graduados del Collegium
Germanicum et Hungaricum el 10 de octubre de
1989 en San Ignazio en Roma. Publicado en: *Korrespondenzblatt des Collegium Germanicum et
Hungaricum* 96 (1990), pp. 40-44.

No os llamo ya siervos, sino amigos
Homilía del cardenal Joseph Ratzinger en la ordenación sacerdotal de los graduados del Collegium
Germanicum et Hungaricum el 10 de octubre de
1996 en San Ignazio, Roma. Publicado en: *Korres-*

pondenzblatt des Collegium Germanicum et Hungaricum 103 (1997), pp. 43-47. Agradezco al profesor Armin Wildfeuer, St. Augustin, que me proporcionase las dos homilías de ordenación.

*Permanecer unido a dios: la iglesia
como comunidad alrededor del altar*
Homilía del cardenal Joseph Ratzinger en la reapertura y dedicación del altar de la iglesia de San José en Schönbrunn (archidiócesis de Múnich y Freising), el 25 de agosto de 1985. Transcripción de un documento de audio (Pfnür B_749).